教育実践は子ども発見

竹沢　清

目次

表紙・本文イラスト／松本香織

序　教育実践は子ども発見・人間発見

竹沢　清

「一宮のノウ学校に就職が決まった」、と私は電話で聞いた（一九六九年）。大学の図書館の資料で、「愛知県立一宮農業高等学校」を探した。だが、いくら探してもそんな学校はなかった。

（もしかして）と思いつつ、聞いていた電話番号をたよりに、逆に、学校名を照らし合わせていった。一宮ノウ学校……ノウ学校……「一宮聾学校」――まさしく「一宮農学校」ではなく、「一宮聾学校」だったのだ。

私は経済学部を卒業して、高校の社会科の教員になる、と思い込んでいた。したがって、同じ県立、ということで、ろう学校にいくなど、思いもよらなかった。

「ろう学校」、そうわかったとき、私はただぼう然としてしまった。まったくイメージの結びようがなかったからだ。

――私の障害児教育はこうして始まった。

あのときから、三一年がたった。

新任当時、校長さんから、「三年しんぼうすれば、高校へ出してやる」と言われた私。

だが私は、これまでの教職生活のすべてを、ろう学校ですごしてきた。

障害児教育、この世界に私をとどめてくれたもの――それは、子どもを発見し、人間を発見できる喜びがあったからに他ならない。

とし子がみずから動くとき

とし子は、一つひとつ指示をしないと動かない子であった(中三、聴覚障害・知的障害、重複学級)。

登校してきても、車で送ってきた母親と私が立ち話をしていると、彼女は、教室に行かず、その横でずっと立ちつくしている……。

クラスのみんなで外へ行こうとする。しばらく歩いていって、ふっと後ろを見る。とし子がいない。また、くつ箱のところで、靴をぬいだり、はいたりしている……。

そんなことの毎日であった。

今も、外での朝会が始まっているのに、なかなかやってこない。いつもは、力の強い健一をむかえにやっていた。

だが、今日、私にはある考えがあった。健一を制して、中一の明子といっしょにむかえにいく。明子は、とし子に近づくと、パッと彼女の手首をつかんだ。自閉的な明子は、他の人に手をとられることを嫌い、自分から握ったのだった。だがそのとき、とし子が、手首をとられたまま、明子の先に立ち、自ら、朝会の場に近づいてくる——。あの、健一が、押しても引いても動かなかったとし子が、である。

だが、実を言えば、これは私の思惑どおりだった。自ら動かないとし子をどうしたものか……、考えあぐんでいた折、井上健治『友だちができない子』(岩波書店)に出会った。友だちができない子は、幼い子を遊ばせるといい、と書いてあった。幼い子であれば、その子が主導できるし、少しぐらい弱い力であっても働きかけることが可能だからだ。

とし子にとって〝幼い子〟とは……。

同じクラスの、年下で、発達的にも未熟さをかかえている明子。彼女をかかわらせよう、と思いついたのだった。

とし子は、（私は年上、妹のような明子のめんどうをみなくちゃ）、と思ったにちがいない。だからこそ、自分の手首に明子の手が添えられているだけなのに（いや、添えられているからこそ）、自らすすんで朝会にやってきたのだ。

——それが人間！

健一が押したり、引いたりしていたのは、あくまでも、「外からの働きかけ」であった。それでは動かず、（めんどうをみなくちゃ）、と彼女の気持ちが動いたとき、自分から移動してきたのだった。

〝気持ちを動かす〟「内面からの働きかけ」こそ、指導——。

＊　＊　＊

教育実践——子どもとの出会いによって、「人間とはどんな存在なのか」、私自身の人間洞察が深まっていく。それは、自分の世界が広がっていく喜びでもありました。

そうした、子どもたちとの出会いを、八年前、『子どもの真実に出会うとき』（全障研出版部）として、出版しました。この『教育実践は子ども発見』は、その続編と言っていいかもしれません。

ただ、『子どもの真実に出会うとき』が、教育実践そのものであったのと異なり、この『教育実践は子ども発見』は、実践の節々に出会う諸問題（「問題行動」「集団」「父母との共同」など）に、教師としてどう対応するといいのか、実践の組み立て方・教師のあり方に引き寄せた展開になっています。

その意味で、この本にもし副題をつけるとすれば、「教師が実践主体になるとき」、ということになるでしょうか。

（いい教師になりたい）、（この子にふさわしい教育をしたい）とねがう多くの方々にお読みいただけるとうれしいです。

このたびの出版にあたって、丸木政臣先生には、身にあまる解説を寄せていただきました。丸木先生は、私が全障研とともに、新任以来所属して学ばせてもらっている日本生活教育連盟の委員長をなさっています。お忙しい中、解説の労をとっていただき、心からお礼申し上げます。

また、この本は、全障研の機関誌『みんなのねがい』の連載（一九九九年四月号〜二〇〇〇年三月号）に、加筆修正したものです。圓尾博之さんをはじめ、編集部の皆様には、いつも励ましをいただきました。

最後に、母のことをつけ加えることをお許しください。

「そんな所に勤めたら、嫁の来手がなくなる」

——私の母は、私がろう学校に赴任するとき、近所の人にそう言われ、一晩泣いたと聞きます。その母が、連載途中の、九九年三月、八六歳の生涯を閉じました。肉親の縁の薄い母でした（幼くして実母を亡くし、学校へ行くのも弟の子守りをしながらであった、という。一五歳で結婚。ほどなくして、ただ一人の姉弟であった弟が病死。そして、四〇歳のときに、夫が急死〈私は小一でした〉。後には、頼りにしていた息子〈長兄〉にも先立たれる——）。

——自分に近しい人間が、次々と、もぎとられるようにして先立っていく……。にもかかわらず、私が、母の「寂しさ・哀しさ」に思いをはせたのは、母が亡くなったあとからでした。日々かけまわっていた私には、そんなことさえ目に入らなかったのです。

悔いることの多い今、母の長年の労苦へのねぎらいの気持ちを込めて、この本を、世に出させてもらいます。

二〇〇〇年四月一五日

1　教職をやめた今井先生に伝えたかったこと

今井先生がやめた！

私の職場の今井先生が突然、教職をやめた！

彼女は二年めの誠実な先生――。二年前のことです。

「子どもたちを伸ばしてあげられるような教師にいつまでたってもなれないのでは……と思うと毎日がつらい気持ちでいっぱいでした」

やめる折、そんな手紙をもらいました。

（職場で支えきれなかった）（障害児教育の醍醐味を十分味わうこともなしに……）と、

思えば思うほど、申しわけなさと無念さがつのりました。当時私は、教職員組合の障害児学校部長でした。生きがいをもって働ける条件づくりをめざすべき組合の部長の足元で、今井先生のような人を出してしまった……。

見通しは見つけていくもの

今さら、とり返しがつかないことではあるけれども、彼女に、もし伝えるとすれば何だったのか――。

私は、三つのことを思います。

一つは、よく三上満氏（教育評論家）が言っていたように、「もともと教育とは、未熟な人間が、あすをめざすという壮大な営み。だからこそ困難がともなう。そして、困難だからこそ、仲間とともに、集団の力で乗り越えよう」――そう伝えるべきでした。

そして、二つめに、私たちの実践的な見通しは、はじめからあるのではなく、働きかけの中で見つけていくのだということ。

あるとき、講演のあとで私は、こうたずねられました。

「竹沢先生は、いつも元気そうですが、それは実践に見通しがあるからですか?」

たしかに、まったく見通しがたたないところでは、元気ではおれません。けれども、はじめから、ずっと先々までの見通しがあるわけではないのです。いわば、「働きかけの中で、かすかに見つけた変化」をもとに、少し先を見越して働きかけていくわけです――この「子ども発見」については、この先、何度かとりあげていくことにします。

ここでは、「子ども発見」に関連して、少し横道にそれますが、今日話題になっている、行政主導の「個別指導計画」についてふれておきます。「個別の指導計画」をたてることそのものを否定するわけではありません。問題は実践のあり方です。「はじめにプランありき」、そして、それをなぞるような形で指導がすすめられるとしたら、それは実践の名に値しません。指導が、往往にして子どもたちのねがいや要求から離れていくからです。

私たちは、その子の本当のねがいにふれたとき、(ああっ、とんでもないことをしてしまった)と実感し、これまで追求してきた課題そのものを根底からくつがえし、新たに設定しなおすことはないでしょうか。「子ども発見」によって、計画そのものが何度か見直されていく――実践とはそもそもそういうものなのです。にもかかわらず、プランからはずれたとき、よく「系統性がない」といわれたりします。けれども私は、何よりも、「子どもの意欲・要求の系統性＝見通し」をこそ大切にしたいのです。

伝えたいことの三つめは、教育というのはときとして、失敗さえも、よみがえって生きてくる営みであること——私のことばで言えば「とり返しのつく営み」だということです。

十数年も前のことです。そのときの校長先生は、朝会の折に、格言のようなことばを紙に書き、それに関した話をするのをつねにしていました。あるとき、ひとしきり話をしたあと、懐から紙をとり出そうとし、「あっ」と声をあげ、「まちがえました」と言いつつ、頭をかくのです。ちがう紙を入れてきたのでした。

校長先生でもまちがえる、そして、そのことをすなおにわびる——私は生徒たちに人間の誠実さが伝わった、と思いました。

私たちはまちがえてもいいのです。総体として、人間としての誠実ささえあれば、まちがいからも学んでいく——それが人間ではないでしょうか。

一年めでやめようとした私

今井先生のことが私の頭から離れないのは、実は私も、教師一年め、やめようとしていたからです。

冒頭でも記したように、私は、経済学部を卒業し、高校の社会科の教員になるつもりでした。二一〇人のうち、教員になるのは私一人。勢い込んで高校の教員に、と思っていた矢先、私の赴任先はろう学校でした。

まったく障害児教育を知らないままに、授業に出ました。高等部の生徒たちは、フーッフーッと肩でため息をつき、柱時計をしょっちゅうながめていました――私の教えていることがむずかしすぎたのです（今にして思えば、「教科書から出発」していました。ことばの不自由なこの生徒たちには、ことばからではなく、もっと「事実から」「生活から」学ばせることが必要でした）。

（俺は教師にむいていない）、私は夏休み、郷里の石川県に帰ったまま、九月、愛知県には戻らないつもりでした。そんな八月のある日、生徒から一通のハガキが届きました。

「ぼくは元気だ。先生も元気ですか。家に帰って、ホッとしたと思います。先生の社会の時間は、とっても楽しく、待ちどおしいです。おもしろいです。僕も毎日アルバイトにがんばっています。だけどつかれた。けれどがまんします。……今度学校で会いましょう。楽しみにしています。さようなら」

一人でも、私を待っていてくれる生徒がいる――そんなかすかな支えで、九月、愛知にきたのでした。

人間の複雑さとおもしろさ

教職三一年をすぎた今、ふり返ってみても、ほんとに危い橋を渡ったと思います。今井先生と紙一重でした。他人事とは思えないのです。

私を三〇余年もの間、この障害児教育の世界にとどめてくれたもの——それは子どもたちとの出会いの中で知った「人間の複雑さとおもしろさ」といえます。

正人君は、知的障害と聴覚障害をあわせもつ六年生の子でした。私が給食を食べさせようとすると、廊下にとび出していく。でも私が、ドアのほんのちょっとのすき間から、スプーンだけをさし出すと、パクッと食べる。そこで、あるとき、机を間にして、ついたて風の板を立て、そのかげから、スプーンをさし出すと、パクッと食べる。そして今度は、何もないままに、私がスプーンをさし出し、ふっと視線を床に落とすと、彼はパクッと食べる——「自分では食べない」正人君であっても、「自分から」食べたかったのです。

私から無言であっても、「食べろ」という雰囲気で迫られているかぎりは食べず、私の姿がかくれたり、視線がはずれたとき、はじめて、自らすすんで食べたのです——子どもは発達の主体者、このことを正人君は、給食の場面でも示してくれたのでした。

「あなたの元気の源は?」とたずねられたら、私はこう答えるでしょう。

子どもの何気ない姿の中に、「おもしろさ」を見つけること、そして、なぜ自分がおもしろいと思ったのか、自分なりに意味づけてみること、さらに、自分でそう思うだけでなく、他の人に、その事実と意味を話してみること――共感の中で、「私の思い」は確信に変わります。

子ども主体を手だてにも貫きたい

今井先生のことで、今も鮮やかに思いおこす場面があります。

彼女が一年めのあるときのこと、めずらしく、私と帰りがいっしょでした。駅までの道すがら、私が何気なく、「でも、教育の基本って、子どもを受けとめることだよね」と言ったとたん、彼女が道のまん中で、パタッと立ちどまり、私の顔をまっすぐに見つめてこう言うのです。

「先生、子どもを受けとめるって、どうすることなんですか」

とっさのことで、私はことばに窮し、あやふやなまま、その場をすごしてしまいました。

実は私は、これまで、子どもをどうとらえるかなど、原則を明らかにすることに努めつつも、具体的な手だてのあれこれについては、あまり触れてきませんでした。あくまでも「子どもから出発」しなくてはならないのに、技術のみが一人歩きすることに対する危惧があったからです。

けれども、あのときの今井先生の射すくめるようなまなざしと、そのあとの退職とを重ね合わせたとき、私が今語れるものは語ろう、と思いかえたのです。

その際、「子どもは発達の主体者である」ということを理念だけでなく、具体的な手だてにまで貫きたい、とねがうのです。

私たちが、実践をつくりあげていく過程の節々でぶつかる諸問題（「問題行動」、「親の思いとのズレ」、「実践記録の書き方」、「教職員集団のこと」等々）を、どうとらえるといいのか、私なりの「手だて」を語ることができたら、と考えています。

そして、私たちは、子どもの事実に励まされ、仲間に支えられて、教師になっていく

——そんな思いを共有したいものです。

2　発達的苦悩が見えるとき、その子へのいとおしさが生まれる

子どもの問題行動をどうとらえるか、によって実践は大きく異なってくる――晴子の「奇声」がまさにそうでした。

奇声にかかわる生活を

私が遠足の案内文などを持って教室に行く。するとすかさず、晴子（聴覚障害・自閉性障害、小五）がひったくり、グチャグチャと何かを書き、最後に「はるこ」らしき字を書いて、つき返してくる。

そんな晴子がウロつく。食器を返しにいったのに、図書館に入り込んでいたり、水をく

みにいったのに、バケツをその辺にすてて、保健室に入っていたりする。（字まで書く晴子が……）――当初の私の率直な気持ちであった。だが晴子は、目的的な行動がとれていなかった。一見できているかのように見えても、実はくり返しの中でできていたにすぎず、先の名前にしても、紙をもらったら、何かを書き、名前を書く、ということが習慣化されているにすぎなかった。

四月、晴子の補聴器のスイッチは切られていた。以前から晴子に接している介護員の森さんが、「スイッチを入れるとキイキイと奇声を出すので切ってある」と言う。ろう学校で、あえて補聴器を切ってある、というのだ。私は、森さんの大胆な対応に感心した。

晴子は、教室で、クルクルと回転したり、ほおをヒタヒタとたたいたりしていた。目を白くして、恍惚《こうこつ》とした表情で――。そのとき、自分の世界に入り込み、他からの働きかけが入らない。キイキイ声もそれと同じ、と判断したのだった。

私は森さんの鋭い見方に教えられながらも、ふと疑問がわいた。（スイッチを切る、という対応でよかったのだろうか）。考え続けるうちに、「スイッチを入れるとキイキイ声を出す」ということは、晴子に「音が入っている」という証拠ではないか、だとすれば、その音を使って何かできないか――音を単なる「感覚的な刺激」にとどめていることが問題なのであって、音を意味あるものに変えてみたらどうだろうか。「音にあわせて体を動かすこと」にいきつくまでに時間はかからなかった。

音にあわせて体を動かす

幼稚部がやっている体操の中に入れてもらおうとした。さすがに、ブランコのところに行きたがり、とめられては泣き続けていた。だが、音楽がかかり、体操がはじまるのを見計って、スイッチを入れてみると、あのキイキイ声が出ていない。しかも、その次の家庭科の「雑巾縫い」のときは、キイキイ声を出していた、という。雑巾縫いは、晴子には高すぎる課題であった。(そうだったのだ)、クルクル回りや「ほおたたき」は外に働きかけていくすべをもたない晴子のもがきの姿でもあったのだ。

七夕リズム会のとき、「手をたたきましょう」の踊りをした。音楽がかかる。晴子は例によって、突っ立ったまま。ところが「足踏みしましょう……」の歌詞が終わる頃、わずかに晴子の足が動いたような気がした。二番めを待った。「足踏みしましょう、タンタンタン」動いた。晴子は、床をこするように右足を前に出した。むろん、キイキイ声は出ていなかった。

問題行動一色の子はいない

子どもをとらえることは、実践の方向を定めること——中でも、「問題行動」をどう見るかは、その試金石でもあります。問題行動に出会うと、大人の私たちがこだわり、そこにのみ目が奪われがちです。けれども、問題行動一色の子はいないのです。

聴覚障害で、自閉的傾向をあわせもつ「多動」の茂（小四）は、服のそで口や胸元をかみ、「新しいシャツも三日でメッシュになる」とまでいわれていました。

その彼であっても、服をかまないときがあるのです。遠足でバスに乗ったときです。気持ちが外にむいているからです。また、ときには、イライラして、私の胸元にかみついてくるときもありました。けれども私は、茂が自分をかむよりはいい、と思っていました。気持ちが外にむいているからです。

そして、彼が服をかむかな、と思う瞬間、私の方がすかさず、私の服のそで口をかんでみせる。すると彼は、（やめろ）とばかりに、私の手をつかんで、口から離させるのでした。私が彼の動作をまねるのは、同じことをしてみて、彼の気持ちに近づきたいがためではありません。（いいかい茂、君がやっていることはこんなことなんだよ、それでいいのかい……）と、いわば私の動作を鏡にして、彼自身に行動の意識化をさせたいからなのです。行動の意識化は、立ちなおりの契機ともなるからです。

価値判断はさておき「なぜ」と問う

問題行動をとらえるとき、私は、次の三つのことを大事にします。一つは、人間の子どもである限り、理由のない行動はありえない、と考えること。二つは、価値判断はさておき、「なぜ」そういう行動をとるのか、に思いをめぐらすこと。三つは、私にもそんな思いはなかったか、わが身にひきよせてとらえること。

いつもワンテンポ遅れてしか行動できない子に対し、つい、「おそく来て、何モタモタやっているの……」とせきたてがちです。けれども「遅れてきたからこそ」部屋に入りづらいのです。（そうだよなあ、大人の私も遅れたときは入りづらいよなぁ）と思い浮べてみるのです。「モタモタしている」ととらえるか、「たじろいでいる」ととらえるかによって、実践は決定的にちがってきます。モタモタは、外からのとらえ方、たじろぐは、内面に即したとらえ方です。内面が見えるとき、私たちは待つことができるのです。

問題行動に対して、ある人は「厳しく制止」し、ある人は躊躇《ちゅうちょ》する――そして、躊躇する人に対し、しばしば「甘い」という批難がされたりします。けれども私はここでの躊躇は、子どもの論理に耳を傾けようとするから生まれるのだと考えます。問題は、そこから一歩すすめればいいのです。

私は「当面の対応」と「長期的な対応」を考えます。

小三の俊作（聴覚障害・自閉的傾向）は、自分の思いどおりにいかないと、床に頭をガンガンと打ちつけます。そんなとき私は、ダメと制します。ダメなときはダメと伝えればいいのです（当面）。それと同時に、それだけでは、その行動はやまらないだろうな、と覚悟を決め、根本的で長期的な対応を探るのです。

つい私たちは、気になるところに直接働きかける指導になりがちです。そこにとどまるのではなく、その問題から立ちなおるためには、「本人の内側にどんな力が育つといいのか」を考えるのです。

俊作は、「イヤー」とか「アカンベー」とかいう身ぶり・ことば・人とのかかわり方を身につけることで、頭を打ちつけることが徐々に減ってきました。

言ってみれば、トラブッたあとの子ども同士の仲裁に力点をおくのではなく、それ以前の「楽しい活動の中で、人と交わる喜びを味あわせ、人とかかわる力を育てること」こそ求められるのです。

音の刺激に過敏に反応する俊作は小一のとき、運動会で音楽がかかると、しきりにグランドに頭を打ちつけていました。その彼が、一年後の運動会では、音楽がかかると、時折顔をひっかきながらも体操をし、体操をしつつも、顔をひっかく、という姿に変化しているのが印象的でした。困難に直面しても、そこからぬけ出す力が本人の中に育ってきたからに他なりません。

複眼的にとらえる

子どもたちは往往にして、自分たちのねがいを屈折した形でしかあらわせない。したがって、そうした行動の中からその子の真のねがいをくみとることを、私たちは「問題行動を発達要求ととらえる」と称してきました。しかし、そのことは口で言うほどやさしくありません。

かく言う私も、こんなありさまです。

わが家の娘は、思いをつき出す強さたるや、とどまることを知らない——。小四のとき、自分の思いどおりにならぬと、一万円もするガラス戸を二度も(!)蹴破ったりして……。

その娘が小五のときのある夜のこと。痴呆ぎみの母が夜中ウロウロしていたので、私がきつくしかった。

それを聞きつけた娘が言う。

「お父さん……そんな言い方はないよ。おばあちゃんはね、お父さんの帰りがいつも遅いから、帰ってきたかなって、見にくるんだよ。それと、おばあちゃんは、お昼に寝ているから、夜寝れないんだよ……お父さん、そんな言い方はないよ」

（ああっ、蹴破るのも娘、おばあちゃんを気づかうのも娘。まさに子どもは、「ときには、ときには」と複眼的にとらえるべきもの）と身をもって教えられた思いでした。

いとおしさが生まれる

失敗のくり返しの中で、私たちの子ども理解は深まっていく――。

幸子（聴覚障害・知的障害、小五）はなかなか、ものごとに集中できない子でした。幸子に対して、当初、私は何気なく、批難がましい思いを抱いていました。そんなある日ふと、（人間はどうすると集中しない子になるんだろう）と、逆に考えてみたのです――私の場合、この「そもそも人間とはどんな存在なのか」に立ち戻ってとらえなおすとき、子どもが見えてくることがよくあります。

こんなふうに思いをはせたのです。

幸子が何かを見て、感じる。だが、そのときそばに大人が誰もいない。そして彼女がまた何かに気持ちをむける。そのときにもそばに誰もいない——幸子の思いは、いつもそのとき、そのときで、プツッ、プツッと途切れていく……。

実は、幸子は家庭的にも十分受けとめられているとはいえなかった。そして、学校でも、他の子に手がかかり、結果的に、手がかけられていなかった。

人間は、自分の感覚・思いが、まわりの大人によって、(そうだよね)、と共感的に受けとめられることによって、自分の感覚・思いに自信をもち、安定感を抱く。にもかかわらず幸子は、大人の支えにめぐまれていなかった……。(そうだったのか……)、幸子を彼女の「内面から」とらえたとき、私にもようやく幸子の苦悩・ねがいが見えてきたのでした。

発達的苦悩が見えるとき、その子へのいとおしさが生まれる——あらためて、そう思うのです。

3　子どもたちの今の反応の中に次の取り組みへのヒントがある

夢のようだった

思いつくととび出す「多動」の茂（小四）を受けもって一年——。お母さんが連絡帳にこう書いてくれました。

「きのうのおやつは、ビスケットに動物の絵が書いてあって、一つ食べるたびに絵を見て、『茂はぞうさん、お母さんはうさぎだね』と言いながら食べました。お菓子を見れば、ただがむしゃらに食べるだけでしたのに、こんなにゆっくり食べられるなんて、ほんとに夢のようでした」

茂（聴覚障害・自閉的傾向）は、ふっと思いつくと、急に教室をとび出し、食べ物だと見ると、ガッガッと食べる子であった。その彼が、次第に目的的な行動がとれ、待てるようになって、話をしながらお菓子を食べた。それはお母さんにとっては、〝夢のような〟できごとだった、というのです。

「話をしながらお菓子を食べる」そんなごくあたりまえのことさえ、人間は獲得していく。そして、その人間の歩みを着実に自らのものにしていった茂の見事さ――。

まず茂から、体から

茂――「急に外へとび出す」「午後になると教室で寝ている」「いつも服のそでロや胸元をかんでいる」

里美――「1＋3の答がまちがっているよ」と指摘するだけで、ジワーッと涙を浮かべる（ろう学校重複学級）。

こんな二人を前にして、実践の糸口をどのようにつかむといいのか……。

私はひとまず、こう考えました。

(1)「できないこと」の一つひとつを、できるようにさせようとはしない。その子の「中心的な課題（内面にどんな力が育てば、その子の全体が変わるのか）」に思いをめぐらす――茂は「目的意識性」で、里美は「意欲」ということになるだろうか……。

（この「中心的な課題」をとらえるうえで、私がよりどころにしているのは「発達的おさえ」です。田中昌人先生（龍谷大学）が、「発達をとらえる」ということは、写真でいうと「ピントを合わせる」ことであり、シャッターを切るのが教育だ、とおっしゃっていたことを思いおこします〈『子どもの発達と健康教育②』かもがわ出版〉。茂は一歳半前とおさえたのです）。

(2)さしあたって、茂には、体への働きかけを軸にしよう。

一つには、体への働きかけは、発達の基礎であり、どの子も好むから。ブランコ、トランポリン、プール等々、遠心力や浮力に助けられ、自分の力以上の動きが引きおこされることの心地よさ――。

二つには、生活リズムの崩れやすい茂にとっての特別の意義。昼、学校で活動が十分保障されることで、夜、睡眠が促され、翌日、学校で寝ることも減少するだろう。

(3)そして、何よりも、こうした心地よい活動は（竹沢といっしょにいるといいことがある）という気持ちを茂の中に育むことになるだろう――（受けとめられている）という大人への信頼が指導の前提です。

実践に意図を働かせる

ところで、私がしたことは、固定遊具や風船を用いての、ありふれた遊びです。大切にしたのは、そこでの実践の意図です。

風船バレーでのねらいはこうでした。

「一対一の活動」は茂にもできそうであり、風船ならば、〈あてよう〉という気持ちの弱い彼のかすかな振りであっても、あたれば飛ぶ、と考えたのでした。

当初、〈やればいいんでしょ〉とでもいうように、顔をむこうに向け、腕だけ振っています。そのうち、たまにあたる。いや、私が、彼の振りにあわせて、あたりそうな位置に、慎重にトスをあげるのです。あたれば変化が生じる。すると、今度は、その気であてようとします。空振りしたあと、もう一回腕を振るようにもなった。それは彼の中に、〈あてよう〉という気持ちが働きだしてきた証拠でもありました。

あたりはじめた。けれども、私は彼に、続けて打たせませんでした。無理にさせるとパニックをおこすからです。彼が打ったあとは、横で私と介護員さんが、二、三回打ちあう。その間に彼は、教室内をフラッと一まわりして戻ってくる。そこを見計らって、ふっとトスをあげる。茂がポンと打つ、あとは、私と介護員さんとの打ちあい……茂のポン…これが茂に心地よいリズムでした。

そのうち、私は、風船の回転で、茂のその日の調子がわかるようにもなりました。風船をしっかりと打ったときは、回転が少ない。だが、気持ちが集中していないときは、風船をかすめて、回転が多いのでした。

できることを充実させる

（こんな風船バレーばかり続けていいのだろうか）、何かが一通りできるようになると、必ずそんな迷いが頭をかすめます。そして、急いで別の教材にうつりがちです。けれども、そんなとき私は、しばらく立ちどまるのです。（今できていることをもう少し充実させるにはどうしたらいいか）（今楽しんでいる活動と同じ要素を含んだ別の取り組みはないものか）と——。

風船バレーと似た活動で、異なる取り組みはできないものか……。「ボールの蹴りあい」を入れてみました。風船とボール、手と足、そのちがいはあるものの、「モノを間にしての一対一の活動」は共通です。しかも、里美は、左手足に軽いマヒがあり、さほど器用に

蹴れない。一方、茂は、意図的に蹴ること自体が未熟――この二人の足の力なら、かみあうかもしれない、と考えたのです。

「風船打ち」にくらべ、「ボール蹴り」は、格段に「その気」が求められます。けれども、意図が芽ばえてきた茂には、蹴ることも可能でした。

次第に強く蹴れるようになってきた茂。ある日、彼が蹴ったボールが里美の横をすりぬけていった。「ええっ」と里美が驚き、しばらくして、いかにもくやしそうに唇をかみます。これまで里美は、茂に負けたことなどなかったのです。

――ようやく、茂が自分にかかわりあえる相手として里美にうつりだしてきたようです(この里美の育ちについては「4」でふれます)。

次に取り組ませたのは「卓球風のゲーム」(絵参照)です。ベニヤ板に数ヵ所穴をあけ、ラケットで大きめのビー玉を打って転がし、相手の穴に入れると得点になる、というものです。目的意識の高まってきた今なら、ラケットという「道具」や、玉を「小さくする」という「抵抗」を加えても、だいじょうぶであろう。しかも穴は「入った!」という実感がもてる……。

これもしばらくのうちに、二人で楽しめるようになりました。

めあてある行動は本人の納得から

冒頭で、一つひとつできさせるのではなく、その子の中心的な課題に手厚く働きかける、と記しました。

茂の中心的な課題である「目的意識性」、これこそ私が、あらゆる活動において追求し続けたことです。

茂にハサミを持たせる。すると彼は、手元も見ないで、粗雑に紙を切ってしまう。そこで私は、板とノコギリを持ちこむことにしました。「木には抵抗があり、その気がないと切れない」し、何よりも「木のほうが『切った！』との実感がもてる」と考えたのです。

その際私は、四〇センチの板であったら、はじめの三五センチは私が切り、残りの五センチを茂に切らせました。茂の今の力では五センチしか切れない。だとしたら、最後の五センチを切らせることで、切り落とす喜びを味わわせてやりたい、と考えたのです。

また、こんな働きかけもしました。

遠足のとき、茂が私の手をとって列から離れる。ジュースの自動販売機のところへ行こうと誘うのだ。そのとき私は、（ああ、いいよ）とばかりに、ついていく。だが私は、自販機のところまで行くと、ポケットの一つひとつをひっくり返してみせる。(気持ちはあるけど、お金がないんだよなあ)、とでもいうような調子で——。みんなひっくり返し終わったら、彼は、(そうか、ないのか…)、というようすで元の列にもどっていく……。

私は思うのです。私が、ここで、「だめ」と言えば、必ず彼は、「行く」とがんばるにちがいない。そして、「だめ」「行く」…と、膠着《こうちゃく》状態に陥る。だが私は、いったん(ああ、いいよ)と茂の思いを受けとめることで、彼は、(そうか、お金がないのか)と、まわりの状況が見え、行動を切り換えることができる。

教育の基本は、本人の納得——そう思うのです。

お菓子を半分に分けた

五年生の終わり頃、私と茂が職員室に行ったときのことです。茂は、隣の田中先生の机の上に、おわかれ会の残りのポッキーの箱があるのを、めざとく見つけた。

田中先生が、「茂、あげようか」と、ポッキーを一本取り出して、渡してくれる。ポッキーを彼が手にしたそのとき、横あいから、藤井先生が、チョーダイをする。茂は、勢いにおされて、一瞬、藤井先生の手のひらに、ポッキーをのせる。(えっ、いいのか)と思って見ていると、案の定、はっと気づいたように、手元にひきよせる。（そうだよなあ）。だが、その直後、茂が、ポッキーを二つに折って、半分を藤井先生の手のひらにのせ、残りの半分を自分の口の中に入れた。

「うわーっ、茂、すごい！」

職員室にいた先生たちが、声をあげたのはほぼ同時でした。

茂は、幼稚部時代「口から突進する」とまでいわれ、がむしゃらに食べていた。その彼が、自分の行動をコントロールし、先生にお菓子を半分分けて与えるまでになったのです。

子どもの反応の中にヒントが

風船バレーにはじまる二年間の取り組みを長々と記してきました。

「そんなに焦らなくてもいい。今の取り組みをたっぷりと行なうこと。そして、そこで見せる子どもたちの反応の中に、次の取り組みへのヒントが必ず存在する」

「ありふれた取り組みであってもいい。実践の意図を鮮明にしながら、働きかけ続けるならば、子どもは変わる」

——そんな思いを伝えたかったからです。

この実践を日本福祉大学で話したとき、一人の学生がこんな感想をよせてくれました。

「獲得している力（手をふるということ）に、教師が〝風船をあてる〟という行動をすることにより、子どもに、次の力＝目的をもって風船をたたくという意志をもった力を生み出させる。これこそが、獲得している力に働きかけ、次の力を生み出す、教育本来の姿であり、教師の役割であるように思えた」

――若い仲間の見事な受けとめに、私自身が逆に励ましを受けたのでした。

4　ゆきとどいた教育のためにこそ、「個別指導」ではなく、集団の教育力を

近頃、行政主導で「個別指導計画」がいわれています。従来の画一的な教育に対する批判もあって、ある程度受けとめられる素地があるのかもしれません。

けれども、「個別」が必要以上に強調されることで、子どもたちが「能力主義」的にバラバラにされ、結果として、発達そのものが保障されないことを恐れます。

私たちの本当のねがいは、「個別指導」なのではなく、「ゆきとどいた教育」なのです。

そして、そのためにこそ、集団の教育力を生かしたいのです。

そのことを里美と茂の育ちが私に示してくれます。

意欲は共感的な関係の中から

「1＋2の答、ちがっているよ」と言うだけで、里美（聴覚障害・知的障害、小四）は涙ぐむ。

「給食は遅い」「絵はあまりかかない」……。

――そんな里美の中心的な課題は「意欲」だ、と私はとらえました。何よりも、「その気」を育てれば「絵を描き」、「給食も早くなる」と考えたのです。

里美の意欲をひき出すために、私は、里美の人間関係を応答的共感的なものにしよう、としました――人間の意欲は、応答的共感的な人間関係の中でひき出されるからです。一つは、私と里美との関係、そしてもう一つは、里美と茂との関係、の二つをです（里美と茂、二人の学級でした）。

私と里美とのかかわりはこんなふうでした。

私と里美が、ボールの蹴りあいをしたときのことです。たまたま、私が蹴りそこねる。そのとき私はすかさず「しまった、しまった」と言いつつ頭をたたき、（ようし、今度こそ）と腕まくりをし、シコまで踏んでみせる。これを見て里美は（やった！）と喜ぶ。私は、里美の（やった！）という気持ちをひき出したいがために、あえて「大きな動作」をやってみせたのです。

積極的でない子ほど、まわりの大人が敏感に、そして積極的に受けとめる必要がある、と思うのです。

茂が育つことで里美が育つ

そして、二つめの、茂との関係はこんなふうです。

ボーリング場のレーンの上を走っていったこともある「多動」の茂。その茂も、風船バレー等を通して、次第に目的的な行動がとれるようになり、ボールの蹴りあいもできるようになってきました。

ある日、茂が蹴ったボールが里美の横をすりぬけた。「ええっ」と里美が驚き、しばらくして、いかにもくやしそうに唇をかみます。これまで里美は茂に負けたことなどなかった。その茂がようやく、自分にかかわりあえる相手としてうつりだしてきたのです。

次に取り組ませたのは、卓球風のゲームです。ベニヤ板に数ヵ所穴をあけ、ラケットで大きめのビー玉を打ってころがし、相手の穴に入れるというものです。

ここでも、負けるときの、里美のそぶりがおもしろかった。

一度負けると、今度は入れられまいとして「体をのり出し、穴をラケットでおおい隠す」とか、久しぶりに勝つと「自分の得点欄（黒板）に思いきり大きな○をかく」、あるいは「すきを見て（本来は一つなのに）○を二つも三つもかく」というぐあいです。また、負けが続くと、里美は台からふっと離れ、窓から外をながめに行き、しばらくして戻ってくる。自分で気分転換をはかっているのでした。

茂が育ち、彼の「目的意識性」が高まるにつれ、里美の「意欲」もひき出される——まさに、育ちの弁証法ともいうべきものでした。

受けとめられて自由になれる

子どもと集団のあり方、このことで私は二つのことが大切だと考えます。

一つは、何よりも、自分がその集団に受けとめられているという実感がもてるようにすること。

二つは、教師が仲立ちをしながら、子どもたち一人ひとりの力を発揮させつつ、集団的に組織化すること。

最初の、「受けとめられること」、それで思い出すのは和男のことです。

和男（聴覚障害・知的障害、小五）は、指示されないとなかなか動かない子でした。算数のグループ指導のとき、担任の田中先生が私に言います。

「今日、僕、何も指示しないでやってみるね」

和男を含めた三人を、私と田中先生が担当していたのでした。けれども和男は玉入れをはじめたのに、突っ立ったままで、赤白の玉をカゴに投げ入れようとしない。

（ああっ、そうか）、田中先生に指示もされず、じっと見つめられれば見つめられるほど、彼は不安になり、いっそう動けなくなるのではないか……。私は前に出ていって、無造作に投げては「あっ、しまった」と頭をたたき、「やった！」と腕をつき上げて喜んでみせた。しばらくして、（どう……）と誘いかけると、彼はあっさりと投げる。和男は（赤い玉を投げるのか、白い玉を投げるのか、この線から投げるのか……）など躊躇していたにちがいない。その彼には、（どんなふうでもいいんだよ）という安心感こそ必要だったのです。

そんな活動が続いたある日、重複学級の合同朝の会のときでした。当番の私が、「さあ、誰が挨拶をしてくれるかなぁ」と呼びかける。すると、和男がポーンと手をあげる。「おおっ、和男やるか！」。彼は一番に手をあげたことなどなかったのです。ところが、彼は、立ったものの、その場でキョトンとしている。彼はまちがえたのです。全体の集まりであるにもかかわらず、算数のときの私と彼のいつもの調子で、ホイと手をあげてしまったのです。

だが私はこのとき思ったのです。この、（つい、うかうか……）こそ大事なのではないか——自分とこの人間との間では、思わず自分が出てしまう……。

まさに、自分が受けとめられているという実感があるとき、人間は自由になれる。受けとめられる、ということで、私は思うのです。教育者ニイルは、愛の反対は憎しみではなく、無関心だと言っています。たとえ今、この子についてわからなくても、関心をもち続ける——そのことこそ私たちの愛ではないかと。

幸子と洋一の「マラソン互助会」

ところで私たちは、「受けとめられているという実感」のところにとどまっているわけにはいきません。

もう一歩踏み込み、子どもたちを集団的に組織することが必要なのです。それが二番めにあげたことです。

幸子（聴覚障害・知的障害、小五）は集中力の乏しい子。何かに取り組ませようとしても、気持ちが次々とよそに移ってします。一方、洋一は、自閉的で、やれる力はありながら、誘いかけても気がのってこない……。

その二人が体育で、運動場を何周か走ることになった。私はふと思いついて、幸子に、洋一と手をつないで走るように言った。幸子は洋一のところに走っていく。ところが、そのとき洋一が、手を取られることを嫌い、逆に、幸子の手首をつかむ。そして、洋一がつかんだまま、幸子をひっぱるようにして走っていく。あの二人が、そのままのかっこうで、四周も走り続けるのだった……。

私は、近くの若い石川先生にこう解説したのです。

「洋一は、僕が手を取ろうとするときっと、嫌がって逃げていく。でも、やんわりとした幸子なら……と、彼は受けいれる。一方、幸子の方は、一人で走りきるだけの集中力はない。でも、洋一に働きかけているという気分に支えられてなら、走ることができる。いわば二人は〝マラソン互助会〟……」

すると、石川先生が「人間って、奥深いものですね」と言う。（奥深いか……）思わず笑いながらも、石川先生の率直な受けとめが私にはうれしかった。

とかく、集団が問題になるとき、「はみ出す子をどうするか」などという視点で見がちです。あらかじめ集団があって、そこに誰かを加えるのではないのです。一人ひとりの力を発揮させながら、お互いの関係をどう高めていくか、ということこそ重要です。

また、ある子を伸ばそうとするとき、より力のある子たちの集団に入れて〝ひきあげる〟という一本調子な発想におちいりがちです。そうではないのです。私は、ふだんの幸子の、人に対する働きかけ方が「弱い」と見たからこそ、洋一には「ふさわしい」と判断し、彼にむかわせたのです。

この「複雑で、おもしろい」人間関係の仲立ちをするところに、教師の仕事の楽しみもあるのです。

親の声を深く受けとめる

里美のお母さんは、私が担任した当初（小四）、「にこにこと挨拶ができる子になってほしい」と思っていたと言います。まちがいが指摘されるだけで涙ぐむほど「気弱な」里美にすれば、さもありなんと思います。

けれども、こうした親の声を聞くとき、教師の対応は二つに分かれるのではないでしょうか。一つは、（瑣末《さまつ》なこと……）と軽く聞き流す。もう一つは、（そうか、挨拶か……）

と、それをくり返す。

私は第三の道をとりました。(意欲があふれ、挨拶にまであらわれるように)と。その子のできないことの一つひとつをできさせるのではなく、「その子の内面にどんな力が育つと、それができるようになるのか」を考えたのです。

教師には、親の声を深く受けとめて、教育的に組織することが求められているのです。

里美は変わってきた。お母さんの連絡帳から見てみます。

「遠足の前の日、何度聞いても『学校には行かない。病院へ行く』と言う。病院から帰ってくるとすぐに、自分から寝に行ったり、夜は『お米をといでおけ』と言うわけです。夜は八時半頃ふとんに入り、当日は、朝早く起きて、熱を測ろうとするといやだと測らせませんでした。遠足の次の日、なかなか起きてきませんでした」。あたかも、〝もろもろの行動は遠足のため〟と思えるほど、見通しのある行動がとれるようになってきたのです。

「土曜日、里美と二人で、豊橋の動物園に行きました。里美のことで一番笑ったのは、馬がいたので、『里美、うま』と指さしたら、『パパ、パパ』と言います(いつもお父さんはテレビで競馬を見ています)。それとブタが寝ていたら、鼻の中へ二本指を入れて、『おねーちゃん』とやっていました。大笑いでした」。

もう一つあげます。「お風呂のとき、また一生懸命しゃべっていて、あまりにもうるさいので、目をつぶって知らないふりをしていたらたたかれました。たまには静かにゆっくり風呂に入りたいと思い、里美と入るのは一週間に一度くらいはやめています」。

（なお、連絡帳のことで一言いえば、私は〝よいこと〟は文章で、〝悪いこと〟は、「頃合をみて」「口頭で」伝えるようにしています。忙しさの中で書く不十分な文で、〝悪いこと〟が伝えられたら、親に厳しすぎることもあるし、逆に〝よいこと〟が文で記されていたら、何度も読み返して、親が励まされる、と思うからです）。

――あの泣虫の里美が、「里美は元気印」そんなことばをもらって卒業していきました。

5　教科学習——人間と事実との出会いによって自由を獲得する

「障害児の発達にとって、教科学習はどんな意味をもっているのだろうか」「その指導はどうあるべきか」——こうした疑問に正面から答えるだけの用意はありません。ここでは、それを考える一つの素材として、社会科の実践を語ってみることにします。ろう学校高等部の「戦争の学習」です。

墓碑銘から学ぶ

私は生徒たち（高二、四人。すべて女子）を学校の近くの墓地につれ出しました。彼女たちは、墓の側面や後ろに彫られている字を一字一字写します。そして、教室に戻って、世界地図をかき、亡くなった人の名前と年月日を、赤い印とともに、かき込んでいきます。――「台湾」「ビルマ」「フィリピン」「満州」など、こんな小さな村の戦死者でさえ、日本が戦争をした全域と重なっていくことに、私自身が驚きます。生徒は、「遠くまで行ったんだね」「昭和一九年と二〇年が多い」と言います。

村の忠魂碑にもつれていきました。それによって、この村の戦死者は日露戦争のときは二人、「大東亜戦争」では、四四人であることもわかります。

――こうした展開にしても、私だけが「奮闘」する授業からなんとか脱却したいと思ってのものでした。けれども、生徒はあいかわらず淡々としたものです。

忠魂碑を見ての帰り、ひょいと別の墓地をのぞくと、こんな字が刻まれていました。

「伊藤進　昭和二十年三月十日　三十二歳。伊藤道雄　昭和二十年六月二十日　二十四歳。父友一郎　母コト」――この墓との出会いが生徒たちの心を揺さぶることになるのでした。

「二人の子どもを亡くしたお父さん、お母さんって、どんな人だろう。先生、生きているといいね」「会ってみたい」――生徒たちは口々に言う。

学校に帰って電話帳を調べた。ない。すでに子どもの名前に変わっているのかもしれない。住宅地図を見た。近隣に「伊藤」は、五、六軒ある。一軒ずつ訪ねようかとも思ったが、ふと、あの墓が、寺の近くにあったことを思い出し、寺で聞くと、「ああ、その角の家ですよ」と言ってくれる。

道すがら生徒たちが言う。

「先生、ドキドキする」「本当に会えるだろうか」

――ようやく生徒ものり出してきたようだ。

「半年早く負ければよかった」

母親コトさん(八六歳)に、家の中に招き入れられ、ふと見上げると、二人の息子さんの写真が掲げられている。生徒たちは、「若いね」「ハンサムだね」と言う。四四人の戦死者の名前を忠魂碑から写しとっていた段階では、人の名前は単なる記号でしかなかったのかもしれない。だが、写真を見、母親に会って話を聞くということで、生徒にはようやく「人間の姿」が見えてきたようだ。

一人の生徒がコトさんにたずねます。

「二人とも戦争にいって、どう思いましたか」。そしてすぐにつけ加える。「死のうと思いましたか」。いかにも困難があると家をとび出す生徒らしい質問でした。コトさんは、ハハハと笑う。「二人ともがんばっとるで、わしもがんばらにゃと思って……」。

実は、この生徒は、自分なりの思いで「まじめに」たずねたのに、笑いとばされたのです。それは、自分とはちがう生活の論理をもっている人がいる、ということを知る第一歩でもありました。

続いてたずねます。

「戦争が終わって、どう思いましたか」

この質問は、すでに何人かの人にしてきたものです。だが、コトさんの答はまったく予期せぬものだった。

「半年早く負ければよかった」

――一瞬、生徒たちは何のことかわからない。私は手話を交えて、「半年の意味」をていねいに説明します。

「いいかい、兄さんの進さんが亡くなったのは、三月一〇日、戦争が終わったのは、八月一五日。その半年前は……」

生徒たちは一言も言わなかった。わかったからこそ一言も言えなかったのです。

コトさんの話は続きます。

戦争が終わって半年、人が帰ってくると聞いては、父親と兄嫁がかわりあって、名古屋港まで出かけていった。あるときは、喜び勇んで行ったら、同姓同名の別人だった。兄嫁は、一〇年待って他家に嫁いでいった……。

次々と示される「具体的な人間の姿」は、「戦争」ということばのすそ野に広がる事実を生徒の中に分厚く集積していく――。

「ゼニいらん。道雄かえしてくれ」

そして私が最後にたずねました。

「今、どうしていらっしゃるのですか」

コトさんは、どんな思いをからませたのだろうか。

「この間、役所へ行ったらよ、遺族年金もらっとるもんは、老齢年金もらえんと言われたんや。そんでわしゃ、そんなゼニみたいもんいらん、道雄かえしてくれ、と言うたんや」

――むろん、そのことばも、生徒たちにわかろうはずもなかった。またていねいに説明を加えます。

帰り道、生徒たちは口々に言う。

「先生、戦争って、悲しいね」

「あのおばあさん、ずっと子どものことを思いながら生きてきたみたい」

そして、生徒たちは、もう一人の、二人の息子を亡くしたおばあさんに会おうとして、ことわられます。

「話したくないみたい」――そのおばあさんからも教育されるのでした。

ことばのすそ野に事実を

よく、ろう学校の子は、ことばを知らないからわからない、といわれます。私はそうは思わないのです。むしろ、「ことば」だけがわかって、そのことばのすそ野にある事実や実感が乏しいから、わからないのだと考えます。だからこそ私は、生徒たちに、人間や事実と出会わせてやりたいのです。生徒たちの今もっている知識や実感に対して、事実を提示し、本人の中に「矛盾」をおこさせる――ここで生じる「意外な思い」や「迷い」にこだわることこそが、「考えること」だと思うのです。そして、その事実をも組み込んで、新しい水準で、本人の中に、意味づけがなされるとき、「わかった」ナルホドとなるのです。

「勝つことはよいことだ」と思っているからこそ、「半年早く負ければよかった」という言葉に動揺し、「お金は大事」と思っているからこそ、「ゼニみたいもんいらん」ということばにたじろぐのです。

教科学習で大切にしたい視点

以前、ある研究会に出たとき、女の先生がこんな報告をしました。病弱の養護学校で、かつては養護・訓練といえば、鍛錬としての水泳や剣道のみであった。だが、何年越しかで、和太鼓を取り入れることができた。私が転勤しても続けてやってほしいと思っている――というものでした。

教師としてのねがいの込もったその報告に共感しつつも、ただ一つ、「私が転勤しても……」というところに、ひっかかりを感じました。

和太鼓の何が子どもたちをひきつけたのかが明らかにされないままに、「続けて」と言われても同僚は困惑する……。

私は、何年か前の全障研大会の聴覚障害分科会での論議を思いおこしました。その年、奇しくも、劇や和太鼓などの報告があいつぎました。

私は、こう思ったのです。

ともすると、ろう学校での学習が、「教え込み的に」「ことば中心に」「個別的に」なされがちな中で、和太鼓の取り組みは、まさに、それに対峙するものとして提起されているのではないか――。

「表現という形で自分をつき出しながら」「体を使って具体的に」そして「集団的に」、しかも、発表することで、まわりからの「たしかな評価を受ける」。さらに言えば、教える教師も、こうあらねばならないと迫るのではなく、子どもの多様なかかわり方を認めつつ、「ともに文化をつくりあげていく」という姿勢に立てるなどなど。

――こうした視点があるからこそ、生徒たちが生き生きと取り組んだのではないでしょうか。

けれどもあらためて思うのです。こうした視点は、ひとり和太鼓のときにだけ求められるものではなく、むしろ、どの学習においても大切にされるべき視点だと思うのです。

学ぶことは自由を獲得すること

ところで、私が、あの未完の「戦争の学習」になぜこだわり続けるのか――。

そこには、萌芽的ではあっても、教科学習の本質が含まれている、と考えているからです。

人間や事実に出会うことによって、生徒の中に「矛盾」が生まれる（いや、あえて、「矛盾」をおこさせるのです）。そして、その「矛盾」を乗り越えたとき、「勝ち負けやゼニではなく、いのちこそが大切なのだ」という新しい世界がひらかれたのでした。

私自身をふり返ってみても、学ぶことは、「狭く、とらわれた見方」から自らを解き放っていく営みでした。

学ぶことは自由を獲得すること――困難ではあっても、この原点にもどりつつ、教科学習をとらえなおしたいものです。

6　障害者の生活を実践の根っこにすえる
――真に「生きる力」を育むために（上）

まさに「ドレイ工場」

「朝五時から夜九時までの労働時間。残業手当はない」――聴覚障害者小島さんの労働条件は、信じがたいものでした（一九七二年）。

ろう学校の中学部を卒業。二二歳。孤児。三年前から従業員一〇人（うち聴覚障害者四人）の鋳物工場で、住み込み。朝五時から夜九時まで働き、残業手当はない。昼休みもなく、モーターの鳴るところで食事をとる……。

「先生、どうしたらいいだろうか」

ろう学校の卒業生・ろうあ青年たちが私に話をもち込んできたのです。とは言っても私は「わかる授業」だけに心をむけていた四年めの教師にすぎない……。

障害者の生活から教育を

学校教育はともすると、「生活から遊離」し、あまりにも「目先のことにとらわれて」しまいがちです。そうだからこそ私は、成人の障害者の生活現実に目をむけることが大切だと考えます。そこから、障害者のライフサイクルの中で、学校教育はどのような役割・意義をもっているのかが浮かびあがってくると思うからです。いわば、教えようとはやる心に、いったんストップをかけ、「障害者のねがいから教育を組み立てるとどうなるだろう」と考えてみるのです。

たしかに、障害者の生活現実を知ったからといって、そこから、直接教えることが導き出されるわけではありません。

けれども私にとって、障害者の生活・ねがいを知ることは、自分の実践の方向をたしかなものにするうえで、欠くことができないのです。自分の営みが、真に「生きる力を育む」ことになっているかを吟味する試金石と言ってもいいでしょうか。

闘いを支える仲間

（どこに話をもっていけばいいのか）

労働基準監督署（以下、労基署）だろうか、人権擁護委員会だろうか……。だが、名前は聞いたことはあっても、それがどこにあるのかは、わからない……。

その間に、ろうあ青年たちは、わかりにくい小島さんの話をていねいに聞きとり、守る会をつくる準備もしていきます。ようやくにして探しあてた労基署。だが、そこの職員は、「双方の言い分にズレがある」「ろう者のやつらが勝手に騒いでいる」と言っているありさまでした。ろうあ青年は、その労基署をも動かし、社長を労基署に呼び出し、四時間にわたる交渉にこぎつけた。私は、手話通訳者としてその場に参加した。さすがに、労基署の手前、社長は、労働時間の短縮、残業手当の支払いを約束せざるをえなかった。だが、交渉の終わり直前、社長は、「住み込みをやめろ。一〇日以内に。そうしなければ、これまでの話はご破算にする！」と言いすてて、労基署をとび出していった。安い賃金で、身よりのない彼に、住み込みをやめろ、ということは、仕事をやめろ、というに等しいことばであった。

翌日、「小島くんがクビになった」と、ろうあ協会の役員の仲田さんから連絡が入った。社長が、「小島が仕事場にこない。ここまでこじれて、続けて使う気はない」と言っている、とのことであった。

（さて、どうしよう……）

だが、ここも、ろうあ青年たちは、仲間の力で乗り越えていくのです。彼の職場の同僚大橋さん（聴覚障害者）を通して、社長の「小島が仕事場にこない」とのことばがウソであることがわかっていきます。そして、その大橋さんが、「小島くんをクビにするのなら、僕もやめる」と言いだす。

しばらくして突然、社長が「続けて使ってもいい」と言う。――零細工場で、一人の腕のいい職人（大橋さん）を失うことは致命的であった。しかも、話が全日本ろうあ連盟にもち込まれ、ことが大きくなりつつあった……。そのうえでの判断にちがいなかった。

聞こえる人も含め、昼休みがとれ、労働時間が確立し、残業手当が出ることになった。小島さんは、残業手当の未払い分（七万円）を受けとり、続けて働くことになったのでした。

生きること・学ぶこと

この闘いによって私は、多くのものを学びました。

①もっとも条件の悪い小島さんの問題に取り組むことが、すべての人の生活向上につながったこと――障害者問題の基本でもありました。

②障害者が生きていくうえで、仲間・集団がかけがえのないものであること――闘い全体が、仲間に支えられたものであり、最後の決め手になったのが、同僚の「小島さんをクビにするなら僕もやめる」という一言であったことが象徴的でした。

③小島さんが、八時間労働の定めさえも知らず、三年間おかしいとも思わなかった――(学校でどんな力をつけていたのか……)教師としての私には、このことがもっともこたえました。けれどもその一方で、そのことのおかしさに気づいたのは、ろうあ青年の学習会の場であった、ということに心打たれます。労働基準法の学習会をもち、それに照らしあわせて自分たちの労働現場を見つめなおしたとき、問題が浮上してきたのでした。

――「仲間」「学習」「現状を切り拓きながら生きる」これらのことばが私の中で、実感をともなって、一つのものとして、結びついてきたのです。

聞こえない人にとっての手話

「障害者の生活・ねがいから教育を問いなおす」——口で言うほどかんたんではありません。先日も、大失敗をするところでした。

娘（小六）の小学校で、手話の話をすることになりました（地域ボランティアの一環としてでした）。

一通り構想をねって、念のためと思って、かつての教え子三枝子さん（聴覚障害者）をたずねました。手話講座の講師に出かけることの多い彼女がこう言います。

「先生、手話の歌だけ教えて、終わり、とするようなことはしないでね」

今、手話の講師にいくと流行のように、聞こえる人から、「手話の歌を」と求められることが多い。だが、聞こえない人は、聞こえないこともあって、歌が好きでない人もいる。だから、手話講座の必須の内容として、「手話の歌」を、とは考えていないのだ、と言うのです。

「ともすると、手話の歌が、〝聞こえる人の振り付けつきの歌〟になる。そうじゃなくて、聞こえないことのたいへんさと手話の歌を結びつけて話をしてくださいね」

です。

「……」

私は恥ずかしい思いで聞いていました。

（相手が小学生だから、手話の歌でも……）と、心のかたすみに思ったこともあったから

です。

「迷わずに助けてあげたい」

当日、私は、小六の教室で、こう切りだしました。

「みんなは今日、どんなふうに起きたかな？」

まっ先に私の娘が手を挙げます。「電話の子機で、母に起こされた」（苦笑）。何人かの手が挙がる。「ハイ、私は自分で起きた」「そう、すごいね」。「めざまし時計で起きた」「ナルホド」……。

ひと息おいて、私がたずねます。

「ところで、耳の聞こえない一人暮らしの人は、どんなふうに起きるのだろう」

――一瞬、教室が静かになる。私は、そばのふろしき包みを開けようとする。あちこちから「おすしかな」「いや、ハトが出てくるんじゃない」との声が聞こえてくる。そして

「お知らせランプ」と称する機械をとり出します。チャイムを光に変えるなど、音を光に変える機械です。具体的なモノを通して学ばせたい、と思って、三枝子さんから借りてきたのです。「これにバイブレーターをつけて枕の下に入れておくと、振動で目が覚めるんです」と言いつつ、子どもたちと実際に動かしてみる。そこから、耳が聞こえないことで困ること、ということで、やりとりを展開していく。

「病院で」「テレビで」「電話で」「電車で」……。ろう学校での発音練習のようすや口元の読みとりのたいへんさもつけ加える。「タマゴ」と「タバコ」、あるいは「カガミ（鏡）」と「ナカミ（中身）」が、外からはほとんど同じ口の動きだということをむかいあって読みとりあったりもして——。後半は、「父」「母」「姉」など、その手話の成り立ち（例、「父」は「肉親の男」）をも含め、手話の実技。最後に「手話の歌」——こうして一時間を終えたのでした。

子どもたちから感想文が届きました。

「せんべいをつかっての発音練習。私たちにとっては楽しいことだけど、障害者の人にとっては、とてもたいへんで、苦労することです」（なつみさん）

「障害者の人はたいへんということは知っていたけれど、それほどじっくり知りました」（朱美さん）

「障害者の人が困っていたら、迷わずに助けてあげたいです」（果代さん）

三枝子さんの「聞こえる人の振り付けつきの歌にしないでね」ということばが出発点でした。

事実をまっすぐに提示しよう。そのことで子どもの世界が広がり、人間の値打ちに気づいてくれる——大人の私が子どものすなおさに励まされる。そんな貴重な体験でした。

7 「ろう学校では、障害者としての誇りを育ててほしい」
——真に「生きる力」を育むために（下）

ろう者は短命!?

「障害認識について話をしてほしい」と、あるろう学校から頼まれたときのことです。私は知人の照夫さん（聴覚障害者）に会って話を組み立てようとしました。

「実は、僕は、ろう学校にいた頃、ろう者は短命だと思っていた……」

（えぇっ!?）と思う私に、彼は話を続けます。

「まわりに成人のろう者がいないことから、ろう者は早死にするんだ、と思い込んでいた」と言うのです。

――かつて、ろう学校は、ややもすると、在校生と成人ろう者（ろうあ協会）とを切り離そうとしていた。生徒が成人のろう者と交わることで、「手話」を覚え、せっかくの口話法がくずれる……として。だが、そのことによって、愛知のろうあ運動のリーダーである照夫さんにしても「ろう者は早死にする」と、本気で思い込んでいた、と言うのです。いわば、成人の障害者の生活やねがいが見えないことで、ろう学校の生徒は、先輩の姿から「将来への夢」を描くことはおろか、「生きていくことの見通し」さえ持ちにくくされていたのでした。

私は重ねてたずねます。

「他の障害以上に、聴覚障害の関係者は〝障害認識〟ということを問題にしているように思うけれど……」

「それは、音声言語（日本語）を身につけ、〝健聴者に近づける〟という傾向が、ろう教育の場合、とりわけ強かったからではないだろうか」

――なるほど。だからこそ、ろう者がろう者らしく生きていくためには、「障害についての自己認識」を問うことが不可欠だった。そして、成人のろう者からくり返し出される「もっと手話を」という声も、それと深くかかわる。手話が、「うしろめたい存在」とされるかぎり、それを使っているろう者が、どうして胸をはって生きることなどできようか

――。

そうだったのです。「もっと手話を」ということばの中に、これまで社会や教育の「主人公になれなかった」ことへの思いが込められている。そのことばを文字どおり受けとめるだけでなく、そこから、「私たちも人生の主人公になりたい」とのねがいをくみとることが必要だと思うのです。

この「障害認識」と「生きること」、その結びつきを、ろうあ青年が見事に解き明かしてくれました。

全国ろうあ青年研究討論会のことです（一九九三年）。

障害者としての誇りを

学校教育をすでに終えた聴覚障害の青年が、後輩のために、「ろう学校の教育はどうあるべきか」を語りあう――「教育」分科会は、そういう場でした。

一人の青年が手を挙げる。

「ぼくは、普通校にいって、一人ぼっちだった」

（人数の多い普通校にいって、一人ぼっち？）、私にふと疑問がわく。だが彼は、コミュニケーションがうまくとれないこともあって、孤独だった、と言うのです。問題は人数の多さなのではなく、そこでの交わりの濃さであった。人が多くいて、かかわりがもてないから、彼の孤立感はいっそうつのったにちがいない。

彼の話が続きます。

「ぼくが聴覚障害者としての自覚をもったのは、卒業後、手話サークルに通って、手話を使いはじめてからだ。それまでは、健聴の人に追いつくことだけを考え、自分を見つめることにならなかった」

よく、障害者が健常者の世界に入っていくことの意義は語られる。だが彼は、自分らしさをとりもどすために、障害者の集団は、いっそう重要だった、と言っているのだ。

話はさらに、教育の中身にまで及んでいきます。

「ろう学校は、社会で役立つことを教えてほしい」

旧態依然とした発想（「手に職を」）から、被服や木工などを教えていることへの批判だ。

だがこの当然の主張に対しても、さらに反論が加わります。

「すぐ役立つということなら、専門学校や職業訓練校で習えばいい。学校ではもっと基礎的なことを……」

（なるほど、では、ろう学校では何を……）

別の青年が発言します。

「ろう学校では、聴覚障害者としての誇りを育てる教育をしてほしい」

（〝障害者としての誇りを育てる〟か、すごいなあ）

私は、討論でここにまで至った青年たちに圧倒されていました。

〝障害者としての誇りを育てる〟、私は何度も自分の中でくり返していました。そして、ふと思ったのです。これは、障害児だけの課題だろうか。いや、そうではない。だとすれば、求められているのは、どの子にも「人間としての誇りを育てる」教育ではないか。問われているのは、まさに教育全体――そう思ったのです。

子どものための学校

「人間としての誇りを育てる」、あまりにも大上段にかまえてしまったようです。けれども私は、そのことは、特別なことではなく、むしろ、日々の地道な営みの中で準備される、と思うのです。

一人ひとりの子どもが、「安心感の中で自分が出せ」、「取り組みの中で達成感をもち」、「まわりに認められる」ことで、（自分は自分らしくていいのだ）という思いを蓄積していく――そんなとき、（自分は大事にされている）と、実感できるのではないでしょうか。

ある年の、重複学級のクリスマス会の前日のことでした。里美（「4」で登場）が、肩に荷をかつぐかっこうをして私を指差します。「今年のサンタは、先生でしょう」というわけです。（あっ、気づかれているか）と思いつつ、「知らん」と両手を広げ、肩をすくめて、とぼけます。（またウソついて……）という感じで、里美が、ペチンと私の頭をたたく（二年前には「1＋2の答がちがっているよ」と言うだけで涙ぐむ気弱な子でした）。

「サンタかえようか」との声が重複学級担任の誰からともなくあがる。では誰が……。

「私がやってもいいよ」と、かつて幼稚部の先生だった校長さんが名のりをあげてくれる。

当日。会がはじまって間もなく、私は、里美に手を振りながら、暗くした教室の前のドアから外へ出る。いかにも（サンタになる準備……）と思わせるために、校長さんを呼びにいく係を私にさせてもらったのだ。

「サンタさ～ん」との子どもたちの声に呼ばれ、サンタが前のドアから入る。みんな（一五人）が握手を求めて前に出ていく。その間に私は、すっと後ろのドアから教室に入る。

里美も、三、四歩前に出ていき、ふっと後ろをふりむく。私と視線があった。「ええっ!?」と、まったくびっくりした表情で、私とサンタを交互に見くらべる。

「やったー！」、大声で叫びたい気持ちをこらえて、私たちはお互いの視線を瞬時にとびかわせる。

（この顔見たさに、きのうからどれだけ〝画策〟してきたことか……）

プレゼントを手に、自分の席にもどってきた里美に、私が「あのサンタは、実は、俺なんだ」と言う。だが彼女は、手を横に振って同意しない。しつこく言う私に、フンと顔をそむけて、相手にもなってくれない――。

（ああ、「子どものための学校」とは、こんなことを言うのかもしれない）

その日一日、私の心は弾んでいたのでした。

生きる力を育てるとは

近頃、行政の側がしきりに、「生きる力を育てる」ということばを使います。

もともと、「生きる力」ということばは、以前、「愛される障害者」という考えのもとで、社会順応的な教育がすすめられていたとき、それに対峙して、民間教育研究団体が提起してきたものです。

けれども、今日においても「八時時間労働に耐えられるように、座ってできる作業も、立って行なう」などの作業学習がすすめられている中では、真の意味で「生きる力」とは何かを明らかにすることは重要です。
私は、大きくは、三つのおさえが大切だと考えます。
(1)子どもたちは、「生活の主体者」「権利の主権者」として生きるのだ、ということ――この「主権者」という視点ぬきで、「生きる」ことが一面的に強調されると、先の作業学習のように、「生きる力」＝「社会への順応力」に矮小化される。それは、「不確かな将来のために、今を犠牲にする」ことでもあります。私たちの仕事は、企業への「人材養成」などではなく、子どもたちの「人格形成」なのです。
(2)子どもたちは、集団の中で生きるのだ、ということ――「一人で、ひとりで……」と追いつめるようにして自立へむかわせるのではなく、仲間・集団の力に依拠して生きること、それは、「依存しつつ自立へ」という視点でもあります。
この(1)(2)にかかわり、かつて教えた重複障害の志穂さんを思いおこします。作業所に入った彼女について、指導員さんが言います。「彼女は他の人とちがって、言われなくても仕事をするんです。それに、自分がすんだら、遅れている人のを手伝うんです」。在学中、「主体的で」「連帯的な」力を、とねがって教育してきたことが、卒業後、こんなふうにあらわれるのか、と私はうれしかった。

「めあてをもって、仲間とともに生きる」――人間の特質である「目的意識性」「集団連帯性」を強める教育でありたいものです。

(3)最後に、障害者が生きる社会も、変えるべきもの、変革可能なもの、ととらえること――今日の過労死を生む労働現場や社会を放置したまま、一方的に障害児にのみ「生きる力」を求めるのではなく、社会自体も、生きやすく、生きるに値するものに変えていく、という視点は、大人の責任において欠くことはできません。

混迷するときほど、基本に戻ることが原則です。「生きる力」「自立活動」など、ことばだけが一人歩きする恐れのある今日――こんなときだからこそ、その真の意味を子どもの事実を通して明らかにすることが、私たちに求められています。

8　教育はまわり道
──あらためて「指導」を問う

とび出す昇太

教育はまわり道──昇太とのかかわりで、あらためてそれを実感します。

昇太（小二）は、小柄ながら、運動能力は抜群──側転なども上手にこなし、走るのもまったくすばやい。その一方で、じっと座っているのは大の苦手。お母さんいわく「二年前は、一〇分も座っていなかった」。思いつくとパァーッと中庭へとび出し、バケツいっぱいにミミズやダンゴムシを入れて帰ってくる。

だが、この〝困った虫集め〟も憎めないことが多い。給食のとき、バケツを机の横にお

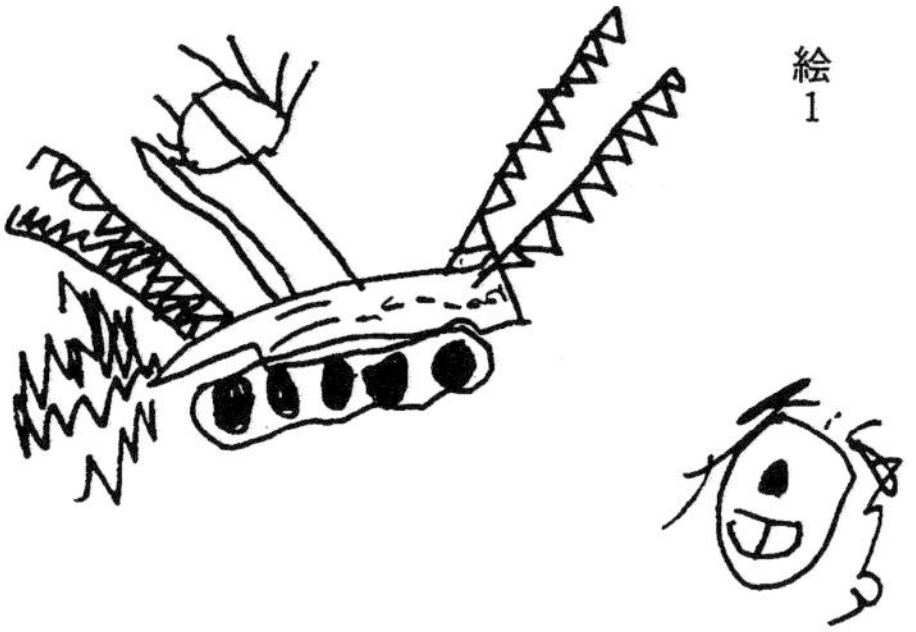

絵1

き、時折のぞきこみながら、ごはんを一つまみ入れる。そして、ほおをヒタヒタとたたき、「ムシ、おいしい、おいしいと食べている」と身ぶりで伝えてくれる。

私も思わず笑ってしまい、「早く食べよ」と言うタイミングを失ってしまう。思いなおし、「昇太、ムシとどっちが早いか競争しようか」とけしかける。負けずぎらいの彼は、言うがはやいか、あわてて食べはじめる……。

――とにかく落ち着いてほしい。

けれども、私には、もうひとつ、気になることがあった。彼の絵の中に「人間」が出てこないのです。

オバケ、戦車、ビーダマン（漫画のキャラクター）ばかり描く（絵1）……。

鬼ごっこから迫る

「落ち着き」「人間の絵」この二つの課題について、私がとった手は「鬼ごっこ」です。鬼ごっこ――あまりに唐突かもしれません。

私には三つの考えがありました。
①なによりも前年度、昇太が好んでやっていた、ということ。

絵2

絵4

②人間の落ち着きは「座らせること」で身につくのではなく、むしろ「体を動かし」、体をコントロールする力を子どもの内側に培うことで獲得される。

③また、鬼ごっこは、「人間関係そのものの遊び」であり、他者とのぶつかりを通して、自分や他者を意識する――その中で、絵にも人間が登場するのではないか。

昇太との鬼ごっこは楽しい。高い所にのぼればセーフの「高おに」。運動場の指令台にのっている昇太をおびきだそうとする。近くの花を一輪ちぎり、さし出して「匂いをかげ」と誘う。気のいい彼は、何気なく鼻をつき出す。すかさず私が、「台から出た！ タッチ、アウトだ」と強弁する。昇太はいかにも残念そうに交代する。今度は、台の上にいる私を陥れようとする。「空に鳥が……」、私が身をのり出すと、すかさずタッチをし、「アウト！」。彼は、ガッツポーズで得意顔……。

だが、しばらくすると、彼も心得たもので、花のさそいには、のってこなくなる。そこで私は、グランドに映っている彼の影を踏んで、さけぶ。「影踏んだ！ 踏んだ！ アウトだ」――すなおな彼は、これまた、残念、という表情で、台からおりてくる。

絵3

人間を描いた！

昇太が人間を描いたのは突然でした（六月）。

給食のおそい昇太に、私が〝おどし〟をかけます。「食べないと小さくなっていくぞ。豆つぶぐらいになったら足で踏みつぶして、フッと吹きとばすぞ……」と言いつつ、ごていねいにも裸足で踏みつぶす絵まで黒板に描いてみせる。

（なにお……）、彼が前に出てきて描いたのがこの絵。四角は私の足、（踏みつぶされてたまるか！）との彼の心意気が、への字の口の形に現れています（絵2）。

そして九月、「夏休みの思い出」。家族でプールに行った絵です（絵3）。指まで描いた大きな手。パパとぼく・ママの水着のちがいをも描きわけた表現——見事です。

そして、年が明けた一月、とうとう、「仲間とともに遊ぶ自分の姿を」を描いたのです。友だちと風船バレーをしている絵です（絵4）。

人間が位置づく

昇太が「人間を描く」、それは絵の変化にとどまらず、昇太の中に、「人間が位置づきだした」証しでした。

クラスには、自閉傾向の俊作がいました(校内事情で、今年から昇太が加わったのです)。俊作は、デリケートな子で、介護の先生が、他の子にかかわっている、と見ただけで、教室をとび出し、塀を乗り越えて歩道にとび込むぞ、補聴器の水銀電池をのみ込むぞ、とおどしたり、床に額を打ちつけたりするのでした。

――思いついたら直線的に行動する昇太とデリケートな俊作。四月には、この二人のぶつかり……とび出し……パニック……があいつぎました。思わず、お母さん方に「これを乗り越えれば、多様な人間関係の中で生きていく力がつく」などと苦しまぎれのことばをはいたほどでした(正直いえば、たしかな見通しがあったわけではありません)。

けれども二人の関係に、変化が生まれてきました。俊作が見ている絵本を、昇太が横から奪いとる。(あっ、何かおこる!)、と私は身構える。だが、何ごともなく、俊作は、その絵本をのびあがるようにしてのぞき込み、二人でながめている。また、俊作が登校して、昇太の姿が見えないと、「昇太は?」と探すようにもなった(二人は鬼ごっこで交わりを深めていたのです)。

こうした行動は、一方で、俊作に抵抗を乗り越える力がついてきたからでもあった。だがそれだけでなく、思いつき的に動く昇太であれば、俊作も安心してかかわることはできなかったであろう。その意味では、二人の関係の変化は、昇太に落ち着きがでてきたひとつの結果でもあった。

そして昇太自身の行動にも変化が出てきた。

昇太が、集団から離れている俊作を呼びにいく。昇太は近くまで勢いよく走っていって、身振りを交えて強く「オイデ」をする。だが、かつてのように、力づくでひっぱってくるようなことはしない。〝一呼吸おいて〟〝やんわりと〟、オイデ、オイデをするのだ。……ほどなく、俊作はスッと集団に入ってくる。

俊作は力づくで呼べば、かえって逃げていってしまう。

だから、昇太はわきまえてそんな対応をするのだった。自分の思いだけで、とび出していっていた昇太が、相手にあわせて対応する——それは他者が見えてきた証拠であった。

冬のマラソン大会のときのことだった。

スタートして、彼は先頭から次第に遅れていった。だが、遅れても、一度も休まずに、最後まで、走り続ける。近くにいた岸先生が言う。

「昇太変わったね。去年は、パァーッと走って、すぐに休み、またパァーッと走っては休む、ということをくり返していた」と言うのだ。

――遅れても最後まで走り続ける、ということはまさに、自分をコントロールする力がついてきたことの象徴的なあらわれであった。

私は、このとき、昇太のお母さんに、こう話をしたのです。

「お母さん、今のところ、昇太は、すっかり落ち着いた、とは言えないかもしれない。でも、このマラソン大会で見られた、自分をコントロールする力は、きっと近いうちに、落着きになってあらわれるからね」と。

教師は、子どもの中にあらわれた「変化のきざし」を、すくいあげるようにして、親に提示し続けることが大事だと考えます。変化の可能性が見えるとき、親は学校や教師に信頼を寄せてくれるにちがいないからです。

私がここで言いたかったのは、子どもの力を「深部から育てたい」との思いです。そのことを私は「教育はまわり道」ということばに込めたのでした。

「子どもが動く」劇指導

「教育はまわり道」「指導とは子どもが納得すること」――そのことを、近頃つくづく思います。

学習発表会まで残すところ三日。重複学級が『三びきの子ぶた』の劇に取り組んでいる頃のことです。

ところが、子どもたちの表情に生気がない。はじめは遊びだった劇が、次第に〝義務的〟になってきたことが読みとれます。

通常、舞台の練習では、二まわりやってきた。だがその日、子どもたちの練習を一回にし、はじめの一回は先生方に演じてもらうことにした。本番さながらの先生の真剣な演技が終わるやいなや、私は客席の子どもたちに呼びかける。「やりたい人―っ」。子どもたちはわれ先に、舞台にかけあがり、元気いっぱいの演技をする――。

当日まで、この流れですすめたのでした。

また、オオカミ役の孝雄への対応はこんなふうにした。レンガの家で、一声おどしたら、ポーンと鍋の中へ……のはず。だが彼はとびおりない。見ると、子ぶたたちが家の中で、ウチワをあおぐことに気をとられ、オオカミなど見ていない。孝雄は、おどしても応えがないから、とべない……。

私は、レンガの家の補助に入っている岸先生に、「孝雄が一声ほえたら、〃先生だけでいいから〃驚いて」と頼む。孝雄のウォー、岸先生のびっくり、孝雄のとびおり――すべてスムーズにいった。

「支援」ではなく「指導」を

本番直前ともなれば、練習をくり返すのが普通でしょう。けれども、あえてしなかった。先生の力のこもった演技を見せることで、(ようし、ぼくも……)という気持ちをひき出すことが、もっとも大切と思ったからです(当日、舌なめずりして歩きまわる孝雄の姿は、竹沢にウリふたつと言われたとき、この演技が生きた、とひそかに喜んだものです)。

オオカミがとびおりるのでも、そうです。一般的には、孝雄への直接指導をし、子ぶたのあおぎをやめさせることになるでしょう。けれども、子ぶたになりきっている動きをとどめるのではなく、むしろその、子どもらしい動きを生かしつつ、必要なのは、とびおりるきっかけだけ――となれば、岸先生に反応をおこしてもらおう、と判断したのです。

とかく私たちは、できないことがあると、直線的に、そしてくり返し的に、それをさせようとしがちです。

本番直前に練習をしない――それは勇気と決断がいることです。一見、指導を放棄しているかに見える。けれども、何かをしないのは、もっと大切にしたいことがあるから――要は、自分が指導したいことは何かを鮮明にすることです。

ところで今日、「指導ではなく支援」との言い方が広まっています。画一的な指導を批判するあまり、支援ということばで、見守ることのみが強調されるならば、別の問題をはらみます。支援という「実践の目的性・方向性」の乏しいことばで、なすべき指導を手びかえることになるからです。

かつて私は、「待つ指導とは、打つべき手をうって、あとは子どもの力に信頼をよせることだ」と述べたことがあります。教育学者の城丸章夫氏は、「指導とはその気にさせること」と言われます。子どもが、「その気になるよう」「目標をもって」支援する、それは実は、指導そのものなのです。私たちに必要なのは、支援をも含みこんだ本来の「指導」なのです。

9　教師は、子ども・仲間との出会いの中で実践の主体者となる

教師は、子ども・仲間との出会いの中で、実践の主体者になっていく――と今でこそ私は、さらりと言います。

でも、私は同時に、若い頃、（俺は教師にむいていないのではないか……）との〝おびえ〟にも似た気持ちを抱いていたことを思いおこすのです。

頭ガイコツで進化を教える

とにかく、水谷先生との出会いは衝撃的でした。ろう学校の生徒（中学部）に「進化」を教えようとして、教室にブタとイノシシの頭ガイコツを持ち込む。ブタは屠畜場から、

イノシシはしし鍋屋から、肉のこびりついた頭を手に入れて煮る。そのための大きな鍋は鉄工所で、ドラム缶を半分に切ってもらって調達する。中庭で異臭を放ちつつ、煮ること半日……。

――二つの頭ガイコツを見比べれば、そのちがいは歴然とする。ガッシリとしたイノシシのあご、歯ぐきにぐっと食い込んだ歯。一方、ブタのまるまったあごと、ポロポロぬけてくる歯。まさに、食物のちがい・進化の跡がくっきりと浮かびあがってくる。

今にして思えば、これは、具体を通して抽象の世界にせりあがっていく、という「九歳の節」に迫る典型的な授業であり、健常児を含めた「わかる授業」の原型でもあったのです。

（そこまでやるのか……）、彼の鮮やかさが見えるにつけ、私は自分がみじめになっていくのでした。

「固着したまじめさ」

私は、中学・高校と、文字どおりの「受験生」でした。小説・音楽・映画……などを切り捨てた生活をし、中学では、誰に言われたのでもなく、生徒会長として、校門に立って服装検査をしていました。

「教育とは教えること」、と思っているかぎり、破綻はなかった。だが、本来の教育は、子どもにあわせ、その子の力をひき出す営み――そのためには、何よりも、教師に人間的なゆたかさが求められる、と知ったとき、愕然としました。

（ああ、俺は教師にむいていない……）

斉藤喜博氏の著作で、「教師の固着したまじめさ」という文言を見るたびに、自分が教師失格を宣言されているかのように、動揺するのでした。

そんな折、目の前に水谷先生があらわれたのです。

（……）

ずいぶんたって、私はこう思いかえたのです。

（たとえ、水谷先生と比べ、教師にふさわしくなかろうとも、自分は自分流の生き方をするしかない）

そんな私の生き方を後押ししてくれたのが、重複障害の子どもたちでした。

自分の可能性の発見

聴覚障害と自閉傾向をあわせもつ伸一（小一）は、帰りの挨拶をしても、なかなか帰らない。そんなとき私は、帰りの挨拶が終わるやいなや、他の子をひきつれて、教室をとび出す。一人残された彼は、しばらくまわりをながめている。そのうちランドセルをかついで、すごすごと教室から出てくる。（ああそうか、家に帰るんか）、そんな思いを彼の心の中におこそうとして、私はあえて教室を空っぽにしたのだった。場面が切り換わることによって、彼が自分のとるべき行動を自覚化する——そんなことをねがってのことです。

とは言っても、いつも、そのように、すんなりと帰るわけではない。

挨拶がすんでも、教室のすみのブロックの前に座り込んでしまう。これがはじまるとしばらくは帰りそうもない。私は、彼が長めのブロックを使っているのを見てとる。（よし）と私は、ガラクタの入っている箱から長めのブロックを次々と取り出し、手渡してやる。彼は作りあげると、すっきりとした顔で帰っていく。私は、彼の作品の完成を早めたのでした。

だが、それでも帰らないときがある。そんなとき私は、何も言わずに彼の手をとり、教室を出、校門を抜け、横断歩道を渡る。そこでサヨナラをする。さすがに、ここまでくると彼も帰る気になっている。何もサヨナラは校内で、と決まっているわけではない。一人で帰れないのなら、その子にあわせて、生活の節目をつくってやればいい。

――（この子が自分なら、どうしてほしいだろうか）を推し測りつつ、一歩踏み込んだ働きかけをしてみる。すると、いつもとちがう行動が見られる。あとで、その理由を問いなおすと、（ああ、それが人間）と思えることが多い。そんなことの積み重ねで、いつしか私自分自身が、「ねばならない」の世界から、少しずつ解き放たれていることに気づいたのです。

子どもたちへの教育を通して、「人間が発見でき」、「自分自身の可能性が見えてくる」、それが私には何よりもうれしかったのです。

仲間を広くとらえる

自分の力が足りないのなら、仲間の力をかりればいい、そう思って、サークルや組合の学習会に参加してきました。それは、受験時代の「一人での勉強」とは異なり、新しい「集団での学び」でもありました。

けれども、私に気がかりなことがあった。

「職場を基礎に」ということばです。仲間といえば、一般的には、職場の教職員集団のことでしょう。でも私は、そのことばを聞くたびに、後ろめたさと焦りの入り混じった気持ちで、心の平静さを失うのでした。

(愛知のような、教職員集団が不十分な中では、教師は、実践の主体者になりえないのだろうか……)。

次第に私は、こう思うようになったのです。

仲間、を思いきって広くとらえたらどうだろうか。

成人の障害者も仲間、父母も仲間、遠く離れている人の力もかりて……。そしてときには、本も仲間……(かつて私は、職場に管理の嵐が吹き荒れたとき、戦前の実践家や大企業で闘っている労働者の記録を読み、自らを励ましたものです)。

事実が共感を生む

ところで、父母も仲間、と記したことには、少し説明が必要かもしれません。親と教師のズレが問題になっているからです。たしかに、今日のような能力主義社会では、ズレが助長されがちです。でも、だからこそ「親のねがいを深く受けとめる」ということを大切にしたいのです。

たとえば、親から、「宿題を出して」との声が出されたとします。でも、それが本意ではないはずです。「外へとび出していくわが子が、落ち着き、学習にすすんで取り組むようになってほしい」というのが親のねがいではないでしょうか。にもかかわらず、私たちの対応が、宿題を出すことにとどまるならば、親には、自分の真のねがいが満たされていない、との思いが残ることでしょう。「親の声の一つひとつに直接的に応えるのではなく」、その奥にどんなねがいが込められているのかに、心を傾けたいのです（親のねがいは、ときには、〝高すぎ〟〝直接的すぎる〟ものに見えるかもしれません。けれども、「そうねがわざるをえないのはなぜなのか」をも含めて受けとめてみたいのです）。私は、そのことを、「親のねがいを深く受けとめて、教育的に組織する」という言い方をしました（「4」）。

聴覚障害で自閉的な俊作は、運動会（小一）のとき、音楽がかかるたびに、グランドに額を打ちつけていました。でも今年の運動会（小三）では、彼は音楽にあわせて、リズム遊戯を見事に踊りきりました。

そのときのお母さんの連絡帳です。

「運動会はこれまで、私にとって、決して楽しい思い出ばかりではありませんでした。行進ができない、音楽いや、先生の指示を待てない、自傷等の傻作を見ているのが辛い数時間。そういう気分のときは、お弁当を作るのも苦痛で、いっそ運動会が中止になればいいのに……と思う日もありました。でも今年は、本当に心から楽しみに待っていられましたし、あっという間にすぎた一日でした。こんな日がくるなんて、思ってもみなかったので、うれしい、うれしい一日でした」

こんな声に、私は何よりも励まされるのです。

——教師は、他者・仲間から学び、自らを膨らませ、目の前の子どもの中に「発達的事実」をつくりだす。そこでつくりだされた事実が、共有されるとき、大人の中に、共感が生まれる。大人の集団（教職員・父母）は、はじめから存在するのではなく、「子どもの事実を軸に」、まさに形成されていくのです。

〝仲間って心のささえ〟

先に、教師には、人間的なゆたかさが求められる、と言いました。でも今私は、未熟さもまた、子どもをとらえるときの財産になりうる、と思うのです。

定時制高校生との出会いを思いおこします。

「聴覚障害者問題」を語ったあと、感想文が送られてきた。

「こうわのかんそう　古賀雄二

今日とてもいいべんきょうになった。しょうがいしゃはなんて、かわいそうなんだろう。しょうがいしゃは、こうして、こうやって、せつめいをきいて、やっと、なにかのことをできるようになる、なんて、かわいそうなんだろう。食間のいみも、わからないなんて、ごはんをたべては、くすりをのむことだ、とおもっている人がいるなんて、とてもおもわなかった。……」

——二八〇字のうち、漢字が三語だけの文だった。

私はつい、（やっぱり）、と思ってしまった。というのは講話当日、教頭先生がこう言ったからだ。

「うちの生徒の三分の一は中学のときオール1の子で、三分の一は全日制を退学になった生徒。授業も一五分もてばいいほうで……」

だが、全校生徒三五人の感想文を一枚一枚読みすすむうちに、私はことばにあらわしがたいほど感動していた。たしかに、文章はたどたどしい。だが、私が伝えたかったことを真っ正面から受けとめている。

「しょうがいはあっても生きるという思いはかわらないことを知った」（笠井実）

「バスに乗っているとき、聴障者は分からない。もっと障害者にやさしい環境をつくらなければならない」（吉田哲夫）

〝障害者にやさしい環境〟——見事なほどだ。

そして、一人の女生徒の感想文に出会った。

「障害者に必要なのは仲間みたいだけれど、それは五体満足な私たちも同じことと思う。体は元気でも、心のささえは、ぜったいにほしい。仲間って心のささえと同じことだよね。きっと」（山下輝代）

先生のコメントがついていた。「母親の再婚で、二年前までつっぱっていた女生徒です」。——「仲間って心のささえ」、この生徒は、心の支えを求め続けて、つぱっていたのだろうか、と思ったとたんに、涙がこみあげてきた。生徒たちは、自分の中に悩みをかかえて生きてきた。だからこそ、障害者の思いを真っ正面から受けとめることができたのだ。

教師もまた自分の中に弱さがあればあるほど、人間をいっそう深くとらえることができる、と思うのです。

河崎道夫氏（三重大学）は『発達を見る目をゆたかに』（ひとなる書房）という本に、「憧れとささえをはぐくむ保育」という副題をつけています。何に憧れ、誰に支えられているかによって、その子のかけがえのなさ（人格）が形づくられる、との意味です。

ここから私は、「私たち教師もまた、自分の未熟さを自覚し、『ねがい』を高くもち、『仲間』から学び続けるならば、実践の主体者になっていくことができる」——との励ましを受けとるのです。

10　書くことは、子どもを事実でとらえること
――私の実践記録論（上）

発表できなかったレポート

レポートを書いて研究会に出かけたのに、発表しなかった――私にはそんなことが三回もあります。批判されるのがこわくて、そのまま持ち帰ったのです。

ときには、逃げたくなる思いをしながらも、私が実践記録にこだわってきたのは、書くことで、自分の実践を意味づけたい、とねがったからです。書くことを通して、無数にある教育的事実の中で、何が値打ちあるものなのかを、見抜く力が養われると思うからです。

私が実践記録を書くにあたって、心がけていることは二つです。

一つは、実践の主体者である「私の思い」をはっきりと示すこと、二つは、「実践の過程」をリアルにえがくこと、です。

「3」で、「多動」の茂のことを書きました。彼との一場面を、こんなふうに書いたことがあります。

腕にかかる重さ

徒競走がはじまった。

あと一組出発すると、茂の番だ。茂は、聴覚障害と自閉傾向をあわせもつ子（小四）。私たちろう学校の子も、隣の小学校の運動会で走るのだった。

だが茂は、私の右腕にしがみついていて動こうとしない。しゃがみこんだまま、スタート地点に進もうとしないのだ。

（ああ、やっぱり無理だったのか……）

交流教育としての徒競走、だが、重複障害の茂には参加自体が無理だったのかもしれない。

実は、私には一つの思いがあった。茂は以前は、思いつくと、教室をパァーッととび出していく子だった。だが近頃は、視線も合い、ボールの投げあいもできるようになってきていた。

（遅れてもいい。目的的な行動を促す一つの機会として、徒競走に参加させよう）、と思ったのだった。

私は、茂をひきずるようにして、スタート地点にむかう。茂はすがりついたままだ。いつもなら、私が彼の二、三メートル先を走り、手招きすると走ってくるのに……。

ヨーイ、ドン。（無理ならあきらめよう）と思いつつ、腕をぐっとひいてみる。思いがけず、茂がついてくる。腕も少し軽い。（よし）、私は二人三脚のように茂の足のテンポにあわせて、ゆっくりと走る。

走りながら、ふと思う。（それにしても、なぜ今日に限って、こんなにしがみつくのだろうか）。そう思ったとたん、私は、ああっと、声をあげそうになった。

茂は緊張しているのだ！　あの、周囲に関係なくとび出していた茂が緊張している――。ということは、茂に、まわりが見えるようになった、ということだ。

（茂、すごいな）

小学校の子は、一〇メートル先をかけていく。

だが私は、茂とこの瞬間をともにできる喜びで、胸がいっぱいだった。

「腕にかかる重さは、茂の発達の証」——そんな思いをかみしめるように、私は茂と二人でゴールにむかった。

実践記録は経過報告ではない

私たち教師が書く文章で、実践記録に近いものに、研究紀要の文章(以下、紀要)があります。けれどもこの二つには、決定的なちがいがあるといえます(なおここで、本来、性格の異なる研究紀要と実践記録をあえて対比するのは、あくまでも、「実践記録の意義と書き方」を明らかにしたいがためのものです。また、「紀要」という言い方の中に、文字どおりの「紀要」だけでなく、「紀要風なレポート」という意味も込めて使います)。

紀要はおおよそ、こんなふうになっているはずです。

「(1)はじめに…(2)指導の方針…(3)児童の概要…(4)指導の実際…(5)考察と今後の課題」——論文風に客観的な記述が続く……。

でも、正直言って、読もうという気持ちになりません。「人間の姿が見えない」からです。

この「人間の姿が見える」ためには二つのことが必要です。

「教師（私）の思い」「実践の生き生きとした過程」です。

少し説明を加えます。

(1)教師（私）の思いを書く

もともと教育実践は、教師が意図をもって働きかける行為のはずです。ところが、紀要では、論文風に、客観的な記述にしようとするあまり、教師の「生身の思い」がほとんど見えてきません。たしかに、冒頭で一般的な目標は書かれます。けれども、私が言いたいのはそうではなく、私たちの実践の一場面一場面では、必ず教師としての思いや迷い、決断があるはずで、それをこそ、書くべきだというのです。

そのために私はどうするか——。

文のはじめに、「私は」という主語を入れるのです。それによって、そのあとには、必然的に「私の思い」や、そこから導かれる「働きかけのようす」などを書き込むことになるからです。

(2)実践の中での「葛藤（矛盾）」を書く

そして、紀要でもう一つ欠けているのは、「実践のリアルな過程」です。紀要では、結果が「経過報告」的に記され、「教師—子ども」「子ども—子ども」のズレやぶつかり、それがどう克服されていったのかの「リアルな過程」が記されていない。その「リアルな過程」を描くことを、私は「実践の中での葛藤を書く」と言ってみたいのです。私たちが、研究授業に参加しているときのことを思い浮かべるといいかもしれません。教材を問にして、「教師の意図」と「子どもの受けとめ」にズレが生じたときにこそ、（さて、この先生はここをどう乗り越えるだろうか）、と私たちは身をのり出します。それと同様に、実践記録も、「葛藤（矛盾）」とその克服のプロセスがリアルに描かれることによって、そこから多くのものを学ぶことができるのです。

事実で書く・内面を書く

けれども、この「葛藤を書く」ということは、説明をくわしくするということではありません。大切な視点は二つです。「事実で書くこと」「内面を書くこと」です。

(1) 事実で書く

教育学者の勝田守一氏は、「実践記録は教師の生活綴方」と述べています。

子どもの綴方で、子どもたちが「うれしい」「かなしい」と書いてきたら、私たちは「事実やようすであらわしてごらん」とアドバイスするでしょう。それと同様に、私たちも「事実で書く」――子どもたちに求めるごとく、私たちが自分自身に課すのです。

私は、思わずことばだけで、「集団が高まった」「子どもが主体的になった」、などと書きすすめそうになるとき、そのことを示す「具体的な事実は何か」、を思いおこしつつ記すように心がけるのです。

例えて言えば、「やらなくてもいいことを、次々とやってのける」道夫の問題を指摘したいとき、そのことをことばだけで言うのではなく、「出たばかりのコスモスの芽を、一つひとつ踏んで家に帰っていく」姿を示す、というようにです。

(2)内面を書く

子どもや教師の内面を書く――これこそ、実践記録そのものなのです。同じ記録といっても、ビデオでは子どもや教師の内面まで描くことは困難です。まして撮影者は第三者です。先の、茂の運動会のときのように、決定的な場面における実践者と子どもの心の動きは、文章でしかあらわせないのです(なお、ビデオは、実践を集団で検討するときは、きわめて有効です。見逃していたことを発見できるからです。けれども、実践者が報告する折は、「ビデオで見てください」と言わずに、あくまでも「自分で切りとった事実を、自分のことばで意味づけながら」提示してほしいのです)。

――本来、教育というのは、子どもの中に矛盾を組織し、それを乗り越えさせていく営みです。したがってこの「葛藤を書く」ということは、まさに実践の筋の勘所を描きだすことでもあります。

教育学者の坂元忠芳氏は、実践記録に求められるのは、「科学性と文学性の統一」だと言っています。ここでの「文学性」ということばを私流に言えば、矛盾とその克服のプロセスを、〃小さなドラマ〃のように描くと言えばいいでしょうか。

実践者としての文章を

けれども、私のように、教師の思いを前面に出して実践記録を書くと、「主観的」との批判がなされるかもしれません（私自身は、教師の独り善がりに陥らないために、「私の思い」を書くだけでなく、働きかけの中で生まれてきた「子どもの事実」を、〃子どもの側からの証明〃として書き込むようにしています）。

かつて私の知人が、子どもとのやりとりを綴って、官制の研究会に提出したところ、「作文だ」と言われて、しょげていたことがあります。

今の私ならこう言うでしょう。

一見、体系的・科学的に見える〃指導体系表〃〃個別指導計画表〃こそ、教師が、頭の中で「作（った）文」ではないか、と。そうした表は、ほどなく捨てられる運命にあります。

けれども、子どもたちとのかかわりでつくりだされた事実・つかんだ教訓は、教師の中で蓄積され、後々にまで生きてきます。

「主観的」と言われることをおそれず、実践主体者としての思いを鮮明にしながら、実践をまとめてみよう、というのが、ここでの私の趣旨です。

歴史的に見ても「教育実践」という概念は、一九三〇年代、天皇制に抗して、教師としての自律性を確立しようとする運動の中から成立してきた、といわれています。まさに教師の主体性こそ実践の要なのです。

私たちは、実践を整理するとき、何も、研究者の論文のようにまとめなくていいのです。研究者にとっての文章が論文であるのと同様に（あるいは同等に）、実践者にとっての文章は、実践記録なのです。

「実践者としての文体で書く」。それは私たちが実践主体になっていくことと深く結びついている。たしかに書くことはやさしいことではない。だが、そこをくぐりぬけることで、子どもを観念ではなく、「事実で」、そして「内面から」とらえる力が培われていく――そう私は思うのです。

11　仲間の力をかりて、子どもの事実を意味づけていく

――私の実践記録論（下）

私は、実践記録を書くとき、〃はじめから書こう〃とはしない。まず手元にある「子どもの事実（メモ）」を並べてみる。そして、これらをどう結びつけるといいか、を考える――書くのではなく、「事実を綴る」「事実に語らせる」と言ったらいいでしょうか。

樺島忠夫氏（神戸学院大学名誉教授）がこう述べています。

いきなり「歌謡曲を作れ」と言われてもできない。だが、「涙」「見知らぬ」「見つめる」などという単語を使ってなら作ることができる、と（『文章作法事典』東京堂出版）。

実践記録を書くときも同じです。

「子どもの事実」があれば、書くことができる――。

子ども発見の事実を

一般に、文章を書くことのむずかしさは、「何を」「どう」書いたらいいのか、の二つだといわれます。

「何を書くか」――実践記録では、子どもの事実です。そうなると、書きとめるべき事実とは何かが問われます。さしあたっては、「私がおもしろかったこと」「気になったこと」というところでしょうか。私の場合、そんなできごとに出会ったら、私なりの意味づけをして、まわりの人にしゃべってみます。そして、それなりの反応があったら、それはメモとして残す価値がある、と判断するのです。あるいは、こう言ったらいいでしょうか。私たちは、この子に（こうなってほしい）というねがいをもちます。そうした子ども像をもちつつ、働きかけの中で、それに近づくような事実がほんの少しでも見えたとき、それを敏感に受けとめ、書きとどめておくのです。

よく、「竹沢先生は、細かにメモを取るのですか」とたずねられます。多いどころか、むしろ少ないほうです。というのは、私自身は、子どもの事実というのを、「子ども発見の事実」ととらえているからです。研究紀要などでは、子どもの実態として、「ＩＱ」などの〝客観的なデータ〟の記述がならびます。それもたしかに、事実の一面でしょう。けれども私は、「教師が働きかけの中で」「実感的」にとらえた事実を大事にしたいのです。それも、「いつもとはちがう、キラッと光る子どもの姿」をこそとどめたいのです。

クラスの由美子と昇太が、給食のとき、二人で何か話をしている。

「五……おうち……」

昇太（小二）は本来、今日の授業は四時間で終わりだ。だが、元気者の彼は、他の子（小三）と同じように、五時間めまでやらないと気がすまない。

（ああ、そうか、例によって、由美子が、昇太に、家に帰るよう説得してくれているんだ）、そう思って、私は、「由美子、たのむね」と言う。すると、由美子が、「ちがう！昇太が、自分から、給食を食べたら帰る、と話している」と言うのだ。

（ええっ、昇太すごいな。でも、「ちがう！」と、私に抗議するように言ってくる由美子はもっとすごい）

入学時、「お姫さま」のようにおとなしかった由美子が、友だちのことを受けとめつつ、こんなふうに切り返してくるまでになっている……。

——その子の「発達の芽」、を何よりも書きとめたい。そうなると、そんなに多くはないのです。

集団の力で事実の意味づけを

では、こうした事実をどう結びつけるか——。

私たちは、子どもに遠足の作文を書かせるとき、前もって話し合いをさせます。イメージを浮かべることができれば書けるからです。実践記録も、その事実がどんな意味をもっていたかが明らかになれば書けます、とは言っても、ここが一番の難所です。この、「構想する」ときこそ、仲間の力をかりるのです。

かつて、こんなふうにやってみたことがあります。

山田先生が、子どもの事実を項目ごとにカード化し、磁石黒板にはりつける。そして、一通りの報告をする。それを受けて参加者が思い思いに話し、少しずつ意味づけをし、関連するカードを、いくつかのグループにまとめていく。「こうした作業のあとに」、山田先生が文章を書いてみる……。

実は、このような操作を、ふだんは「一人で」「頭の中で」やっているのです。それを「仲間の力をかりて」「頭の外へ出して」やってみたのです（この、カード化、グルーピングなどのやり方は、提唱者川喜田二郎氏のイニシャルをとったＫＪ法として、中公新書の

『発想法』に紹介されています)。

このようにして、ひとまず事実をつないでみると、あらためて自分が実践の中で、何に力を入れてきたかが、見えてくるはずです——それが実践記録の「テーマ」です。

先ほどの由美子の実践記録を、もし書くとすれば、「おとなしかった由美子が積極的になってきた歩み」というテーマになるでしょうか。

今度は、そのテーマに基づいて、(由美子を積極的にしたい、とねがって、私はこれまで何をしてきたのだろうか)ともう一度実践をふり返ってみる。すると、これまで見落としていたできごとが浮上してきたり、削る項目が出てきたりします。ともすると私たちは、何でも書き込みたくなります。けれども、テーマにそって、しぼりこむことで、いっそう言いたいことがはっきりします。

実践記録は、一回で書きあげる必要はありません。ひとまずのメモとそれに基づく報告——集団での話し合い・意味づけ——文章化——集団での検討——書きなおし——……。こうしたサイクルで、徐々に書いていけばいいのです。実は、私が雑誌に実践記録を発表するときなど、その前に、二、三回、研究会で実践報告し、集団の論議をくぐりぬけたあとに、提出しているのです。

「実践記録を書くこと」は、それを「検討してくれる集団の存在」をぬきにしては語れない。サークルもまた教師の成長にとって不可欠なのです。

読み手に負担をかけない文を

では、次に、「どう」書けばいいのか――。

先に私は、「『私は』という主語を入れる」「事実で書く」「葛藤を書く」などと述べました。それらを前提に、「実践記録・私の書き方」として、やや細かな部分にふれます。

(1)書く直前には、本を読まない

書く作業は、思考を「まとめる」活動であり、読むことは「拡げる」活動です。読むことで、考えがまとまらなくなります。私は、何よりも、手元の事実で何が言えるか、に気持ちを集中させます（なお、念のために言えば、日常的には、発達や一般の教育関係の本など、幅広く読み、アンテナを高くしておきます。それが、実践をまとめるとき、構想の視点として生きてきます）。

(2)早めに実践現場を描く

子どものリアルな姿が描かれる前に、説明が続くと読む気がなえます。私は、できるだけ早く、実践現場を描きます。本多勝一氏（ジャーナリスト）は、「エスキモー」の連載では、初回に、もっともエスキモーらしい場面「本舞台」を描くことに力を注ぎ、説明的な文は、読者のイメージが成立してからにした、と述べています（私は、このリアルな実践現場を描くために、「である」調で書くことが多い。「ですます」調では、〝教師と子どものぶつかりあい〟である「実践のテンポ」にみあった表現になりにくいからです）。

(3) 読み手に負担をかけない表現を

途中で読み返さねばならない文は、読み手に負担をかける文です。読み手に負担をかけないために、私が心がけていることのいくつかを、あげてみます。

・文を短くする。
・主語をはじめにもってくる。
（「〜した彼は…」、ではなく、「彼は〜した。そのとき…」のようにする）
・漢字とひらがなのバランスを考える。
（黒々とした誌面は読みにくい）
・引用が長く続くときは、誰の文か早めに紹介する。
（誰の文かわからないままに、引用が長く続くと、読者がイライラする）

(4) 題や小見出しは、内容をあらわすものに

題や小見出しは文章を構成する重要な要素です。それらは、本文の内容をあらわす「表

札」だ、という人もいるほどです。

かつて、私は、自閉的な子の記録を「K男の指導から思うこと」という題で発表し、のちに、「コウジが人間を描いた!」となおしたことがあります。また小見出しも、「見るだけで内容が伝わるもの」にします(紀要でよく見る「はじめに」などは避けます)。

(5)書き終えたら、声を出して読んでみる

声に出して読むことで、文章のリズムのおかしさに気づきます。私は、中学生の娘に聞いてもらい、首をかしげたところは、〝弁明せずに〟書きなおしをします。「わかる文章」の基準を、中学生が読めるぐらいのもの、と考えるからです。

書くことで認識が深まる

(そこまでしなくても……)、と思われたかもしれません。たしかに、その通りです。けれども私は、他の人にきっちりと伝わる文章を書きたいのです。一つは、何よりも、子どもが変わった喜びとそこでの教訓を伝えたいからです。今回あらためて、私が(実践記録を書きたい)、と思う最大の理由はここにあることに気づきました。でも、本来、文章というのは、(伝えたいことがある)から書くのです。

そして、もう一つは、より的確な文を書くことによって、実は私自身の認識が深まる、ととらえるからです。（他者に、リアルに、正確に伝えたい）として、よりふさわしい表現をさぐっていく。するとその過程そのものが、子どもをたしかにとらえなおすことに結びついていく——まさに、「実践記録は、教師の生活綴方」なのです。あえて言えば、文章は書けばいいのではないのです。書くことを通して、私たちの中にある観念性・概念性（子どもを束にして見る見方）を削ぎ落として、子どもを事実で見る力を養う。そうなれば、私たちが書くべき文章は、やはり「生活綴方ふうの実践記録」だと思うのです。

ところで、「実践記録のわかりやすさ」は、表現のやさしさだけによるのではありません。真の「わかりやすさ」は、「事実の切り取り」と「その事実の意味づけ」が鮮明であるかどうかによるのです。

「子どものどんな事実を切り取るのか」「それらをどう意味づけるのか」、簡単なことではありません。けれども、こうした力もまた、実践記録を書く中で徐々に身についていく——。

（いい教師になりたい）、だからこそ私たちは書き続けるのです。

〈参考文献〉

「実践記録の意義と書き方」を、全体的に扱おうとすると一冊の本が必要になるぐらいです。ここでは最小限の参考文献として、四冊にしぼってあげてみます。

樺島忠夫『文章作法事典』(東京堂出版)

文章を書く活動が、いくつかの手順(「取材」「構想」「表記」など)に分けられ、それぞれが簡潔に記述されているため、辞典風に活用できる便利な本です。

斉藤茂男『事実が私を鍛える』(太郎次郎社、後に岩波書店)

ルポルタージュのすぐれた書き手である著者。その取材の姿勢から、私たちが、子どものどのような事実に注目すればいいのか、ゆたかな示唆が与えられます(ただ、残念ながら、現在、品切れのようです)。

本荘正美『新たな自分に出会うとき——実践記録を書く』(新読書社)

養護学校に勤めていた、私の畏友(故人)の著書。私がここで述べてきた中身を、より包括的に、よりくわしく展開しています。

拙著『子どもの真実に出会うとき』(全障研出版部)

「子どものとらえ方」、としてだけでなく、「実践記録の具体例」としても読んでいただけるとありがたいです。

12 私たち大人の、人間を見る眼の育ちに応じてしか、子どもたちは見えてこない

実践の要は、「子どもをどうとらえるか」にある。だが、子どもたちは、私たち大人の、人間を見る眼の育ちに応じてしか見えてこない――陽一（小三）とのかかわりで、あらためて痛感するのでした。

〝やらなくてもいいことをする〟

陽一は、〝やらなくてもいいこと〟を、次々とやってのける。

足洗い場で、水鉄砲を楽しんでいる、と思っていると、急に、持っていた水鉄砲を空にほうり投げる。ガチャーン。コンクリートの上で、プラスチックのおもちゃは、壊れてし

まう。彼は、と言えば、「チューチュー（水鉄砲）は？　チューチューは？」と、使えなくなったことをなげいて、言い続ける……。

教室でかき氷を作ったときのこと。

食べ終えて、子どもたちと道具を洗い、紙コップも洗い、かりた岸先生のところに返しにいく。職員室の机の上に、私が紙コップをのせたとたん、横にいた彼が、それをギュッと握りつぶしてしまう。

（えぇーっ、これまでしてきたことはいったい、何だったんだ……）

お母さんも連絡帳に、「疲れた。疲れた」と書いてくる。〝出たとこ勝負〟〝長続きしない〟――そんな毎日であれば、無理もない。

モノに誘発される

ある雨の日、同じクラスの昇太が、教室の中で、鬼ごっこをしよう、と言う。（こんなせまい教室で……）と思いつつも、勢いにおされてやりはじめた。すると、運動場ではすぐにあきてしまう陽一が、いかにも鬼というふんい気で、頭に二本の人差し指をあてて、追いかけてくる。

また、ボールの蹴りあいを、廊下でやったときのこと、彼は、「もう一ぺん、もう一ぺん」とせがんで、やり続ける。体育館では、すぐにやめてしまう彼が、である。

鬼ごっこ——広すぎる運動場では、鬼が遠くに行ってしまえば、それまで。だが、せまい教室ならできる。

ボールけり——広い体育館では、ボールが横にそれて、視野の外に出れば、気持ちも続かない。だが、すべてが視野に入る廊下では、長続きする。

（彼には、めあてを鮮明にすることが大切なんだ）と思っていたころ、ある文章に出会ったのです。

ごっこあそびが活発にできる以前の子どもは、「モノに誘発されて行動をする。……目の前にはしごがあればよじのぼるし、鈴があれば鈴をならす」（勅使千鶴『子どもの発達とあそびの指導』ひとなる書房）。

ここでの記述を、生活年齢の高い陽一に、機械的にあてはめることはさけるべきであろう。ただ、認識に弱さをかかえる彼は、次々にモノに反応をおこしていることもたしかだ。しかも、彼には、年齢相応な元気な手足がある、となると、まわりは大変——。

（彼は、モノに出会うたびに、モノに引き込まれる——そんな不自由さの中にいたのか……）

認識と手足・体の発達にズレがある子の受けとめはむずかしい。ともすると、動きの激しさに目を奪われ、〝元気な手足をしばろう〟と考えがちだ。そうではなく、もっているすぐれた力（手足）を用いて、遅れている見通しのある行動（認識）を育てていく——そのことこそが必要だったのです。

めあてある行動の蓄積が自信に

ある日、砂場に行った。隅のほうに、幼稚部の子が遊び残した、小さな砂山がある。私は彼に、その小山の砂をスコップですくわせて、中央に大きな山を盛らせようとした。彼は、せっせと砂を積み上げては、山を作っていく。なんでも壊すことばかりをやってきた彼が、である。「小さな山を削って」という具体的な指示と、「得意な手足を使って」という手だてが彼には、わかりやすかったにちがいない。

卓球風ゲームをやらせてみた。台の上でビー玉を打ち合ってころがし、相手側の穴に入れると得点になるというゲームだ。正直いうと、私はこわかった。陽一が、ビー玉をラケットでカーンと打って、教室のガラスを割ってしまうのではないか——本気でそう思った。だが、心配は無用だった。「目の前の穴」という具体的なめあてにむかって、器用な手を使って遊び続けるのだった。

九月、運動会のリズム遊戯の練習がはじまった。だが、彼は踊ろうとしない。やむをえず、彼の背後から手を持つようにして、踊らせていた。

だが、しばらくして、ふと思った。

(「モノに誘発される」ということは、彼にはモノを見る力がある、ということではないか)。とすれば、指揮者の西川先生の動きも見ることができるはずだ。

(一人でやらせてみよう)

手を離してみた。

何回かの練習で、彼の中にも見通しが生まれていたのだろう。一人で踊りはじめるのだった。

——陽一は、モノに誘発されて、次々と行動を起こしていた。それに対して、ダメダメと言われても、どう行動していいかわからなかった。だが大人の適切な援助で、めあてのある行動を一つひとつ積み重ねていく。そして、それらがまわりから認められる中で、本人の内側に自信が蓄積されていく。そのことが、彼の発達を促すことの中身だったのです。

子どもが変わる・親が変わる

三学期になると、陽一は、積木やブロックで、家などを作ることが多くなった。かつては、次々とモノにさわってこわしていた彼が、である。それは、「モノに誘発されていた」彼が、「イメージを描いて」「家を作る」という行動をとりつつあることを示していた。

そのことは、親の生活にも変化をもたらした。お母さんが連絡帳に書く。

「ブロックで家や自動車、バスといったぐあいに、いろいろ作って、作ったものをかざっております。今はこれに集中していて、おとなしくって、母は幸せでいられます」

——あの、〝こわし専門〟の彼が、作っては「かざって」いる。そして、それに集中するため、次々と後始末のために、疲れはてていた母が、今はホッとできる……。

この二日後の連絡帳ではこう記されていた。

「げき（学習発表会の前日の練習）は、みんながんばってやっていましたね。明日が楽しみです」

陽一は、家では家族を相手に、そして、妹の保育園では園児を相手に、「大きなかぶ」の劇ごっこをやっていたという。彼の本来の役はネズミ。だから、本番では誰かを呼ぶことはない。だが、「ごっこあそび」では他の役になって、他の動物を呼んでひっぱりあうことを楽しんでいたという。

――よく、「親が変われば、子どもが変わる」、いや「子どもが変われば親が変わる」、そんな論議がなされます。私は、「子どもが変わる」ことで、親が変わる。そして、親が変わることで、子どもがいっそう変わる、そんな流れではないか、と思うのです。

子ども発見は社会変革をともなう

（この子のことがようやくわかった）、と思うと、いつも、（そんなことが今までどうしてわからなかったのか）、という苦い後悔におそわれます。

そのことを自戒をこめて、かつて、「真の子ども発見は、大人の自己否定・自己変革をともなう」と書きました（『子どもの真実に出会うとき』全障研出版）。

すると、大阪の障害児をもつお母さんからこんな感想が寄せられました。

「真の子ども発見は、大人の自己否定・自己変革をともなう。そして、社会変革をともなう。だから、障害児を育てることは苦しいけれど楽しい」

教育という仕事は、私にすれば、自分を変え、子どもを変え、社会を変えること、でもあります。

社会を変える、とは大げさかもしれない。私の言いたいのは、「受けとめてくれる社会」をどうつくっていくか、ということです。以前、北欧に行ったときのことを思い出します。デンマークのコペンハーゲンの駅では、五・六番ホームのエレベーター、七・八番ホームのエレベーター、というように、エレベーターがホームごとに設置されていました。しかも、障害者専用ではなく、大きなカバンを持つ旅行者、妊娠しておなかの大きな女性、車イスのお年寄りなど、ハンディキャップをもっている人は誰でも使える、というものでした。

スウェーデンの高等養護学校では、下校時に、タクシーが待っていました。二、三人乗り合わせて毎日自宅まで帰る、というきめ細かな通学保障を示しているのでした。

——この福祉の充実の理由はどこにあるのか。

地方自治の徹底もあるでしょう。けれども私は、何よりも、スウェーデンが一八〇年間戦争をしていない、ということに注目しました。まさに、福祉と軍事は相対立すると思ったのです。

障害者にだけ自立を求めるのではなく、「受けとめてくれる社会」が障害者の自立を促すのです。

子どもの事実に勇気づけられる

だが、そんな眼でまわりを見まわすとき、ときには、あまりの困難さに、たじろぎそうになります。

けれども、考えてみれば、障害児教育の歴史は、困難の中から、道を拓いてきた歩みではなかったでしょうか。

どんなに小さい変化であろうと、変わってきている、という実感がもてるとき、私たちは希望をもち続けることができます。

「多動」の茂のお母さんの文章に、私はどれだけ励まされてきたことでしょうか。

「きのうのおやつは、ビスケットに動物の絵がかいてあって、一つ食べるたびに、絵を見て、茂はぞうさん、お母さんはうさぎだね、と言いながら食べました。おかしを見れば、ただがむしゃらに食べるだけでしたのに、こんなにゆっくり食べられるなんて、ほんとに夢のようでした」

話をしながらお菓子を食べることなど、ささいな事実かもしれない。だが、そこには大きな人間的な価値が存在する。そして、こうした事実をつくりだすことに、少しは自分もかかわることができた――そう思うとき、私たちはまた、がんばることができるのです。「子ども・地域・職場」を、「変革の可能性においてとらえる」「変わりうるものとしてとらえる」――そんな眼こそが私たちに求められます。

子どもの発達と大人のあり方を、薬害エイズの原告の川田悦子さんが見事にさし示してくれています。

「この被害にあって、たたかわなければならないと自分自身を励ました原動力は、子どもたちが次々と死んでいっているという現実です。龍平より小さな子が死ぬたびにすごく悔しかったんです。子どもが子どものままで殺されていくのを許すことはできないと強く思いました。

子どもたちの命を、人間を大事にする社会にしたい。もっともっと大人たちが、未来をつくっていく子どもたちを守っていかなければ、と思います」

私たちは子どもに励まされ、親になり、教師になっていく――。子どもたちと同時代を生きる大人として、自分の成長と、社会の進歩を重ね合わせて生きていきたいものです。

〈解説〉いつも自分自身を耕しつづける創造的実践家　竹沢清さん

丸木政臣

竹沢さんは、私も属する日本生活教育連盟（日生連）の障害児教育分野のリーダーであるし、その理論と実践については多少は知っているつもりでいた。こんど単行本にまとめるということで「全障研」機関誌の『みんなのねがい』掲載の「教育実践は子ども発見」が一二回分送られてきて「何か感想文を」と言われた。仲間だから、いいですよ、と気軽に引き受けたものの、読みはじめてみると分厚い中味と洗練された文章で終わりまで読み通すのにかなりの時間を費した。私の読後感を書くとなったら何度か読み返してみることになり、合計すると三〇回以上読んだことになるのではないだろうか。おかげで「茂が育つことで里美も育つ、まさに育ちの弁証法である」といった竹沢さんの文体が口をついて出てくるようになった。

子ども発見――それに励まされ

最近は行政主導の「個別指導計画」が強調されるが、実践のあり方には注意が必要である。よく指導計画に沿ってなぞるような指導が行なわれるが、それは実践の名に値しない。竹沢にいわせると、指導が「子どもたちのねがいや要求から離れていくから」である。彼は「子ども発見」によって計画を練りなおし続けることが教育実践だという。

竹沢は名大経済学部の卒業で、高校の社会科教員になるつもりが、どうしたまちがいか、ろう学校に赴任した。障害児教育の知識などないままに授業に出たので、高等部の生徒たちは柱時計を見ながら肩で息をしていた。難しい教科書の解説をしているので、生徒が理解できないのはあたりまえで、ことばの不自由な子どもたちには教科書からではなく、「事実から」「生活から」学ばせるべきだった。こんな竹沢に対して一人の生徒が「先生の社会の時間が待ちどおしい」というハガキをくれた。「子どもからの出発」を体験的に自覚したとき、この子どものハガキは「ようし教師を続けよう」という決意をうながす大いなる励ましとなったのだ。

竹沢さんというひとは、いつも満面笑顔、元気そのものである。どうして？　と聞かれると、子どもの何気ない姿の中に「おもしろさ」を見つけ、そのおもしろさを自分なりに意味づけたり、ひとに話したりするととても楽しくなるのですとこたえてくれる。

子どもの発達——それはおどろき、共感

子どもの問題行動について、竹沢は次の三つを大事にするという。「人間であるかぎり理由のない行動はない」「価値判断はさておき、なぜそういう行動をとるか考えてみる」「私にもそんな思いはなかったか、わが身にひきよせてとらえなおす」。これらは子どもを人間的に、温かく、発達の視点からとらえていく彼自

身の覚書のようなものだろう。幸子という小五の子は、聴覚障害と知的障害の子であるが、「なかなか物事に集中できない子」である。この子について「人間どうすると集中できない子になるだろう」と逆な形の思考をしてみる。このことは「そもそも人間とはどんな存在なのか」に立ち戻って考えることになるわけで、そこではじめて幸子という子どもの全体像を見えてくるように思える。幸子という子は、学校でも手がかけられない。人間は、自分の感覚・思いがまわりの大人によって共感されることによって、自信もつき、安定感が生まれる。竹沢は、幸子とかかわりながら「幸子を内面からとらえたとき、幸子の発達的苦悩が見え、この子への真のいとおしさが生まれた」という。

子どもの変化はスモールステップである。とくに障害児の場合そうであろう。その微細な変化の中に、その子の発達やその徴候をめざとく探して「うわっ、できたの、すごいね」とおどろき、感動する感性が大事である。竹沢は、「茂がポッキーを二つに折って、半分を藤井先生の手のひらにのせ、残りを自分の口にいれた。自分の行動をコントロールしてお菓子を折半したことは、障害児にとっては大きなできごとだ」と評価する。

昨今は「個別指導」が強調されるが、「個別」の強調は「能力主義」になり、子どもをバラバラにするおそれがある。個々の発達の保障のためには「集団の教育力を」というのが竹沢の一貫する主張である。

教科学習――言葉のすそ野の事実こそ

障害児の発達にとって教科学習、認識の形成というのはどんな意味をもっているだろうか。これは多くの人がもつ疑問であろう。竹沢さんは、高等部の生徒に「戦争の学習」を組織するが、この実践は（他の実践も卓抜だが）とくに圧巻である。これをヒントにして多くの健常者の学校でこれだけの凄味のある、すそ野の広い実践をやってみてほしいとふと思ったものである。生徒たちをまず近くの墓地に連れていき、墓の側面や後ろに彫られている字を一字一字写すことからはじめる。教室に戻って世界地図をかき、亡くなった人の名前や年月日を、赤い印とともに書き込む。台湾、ビルマ、フィリピン、満州など、こんな小さな村の戦死者でさえ、日本が戦争した全域と重なる。村の忠魂碑に行く。日露戦争のとき二人であった戦死者が、「大東亜戦争」では四四人に増えている。そのあと戦争末期に二人の子を戦死させた両親を探す。お母さん（コトさん、八六歳）に会って生徒たちはいろんなことを聞く。「戦争が終わってどう思いましたか」の質問に、お母さんは「半年早く負ければよかった」とこたえた。二人の子どもは、三月と六月に戦死しているので「半年前」なら二人とも生きて帰れたことになる。生徒たちは沈黙した。子どもたちが、「今どうしてくらしているんですか」とたずねたら、コトさんは「役所に行ったら、遺族年金もらっとるものは、老齢年金はもらえんと言われたんや。それでわしゃ、そんなゼニみたいなもんいらん、道雄をかえしてくれ、と言うたんや」――その言葉は生徒にはじかにわからないので、竹沢はていねいな補足をすることになる。帰り道、生徒たちは、感きわまって「戦争っていやだね」「戦争って悲しいよ」と二人の子を亡くしたお母さんの老いた姿を語るのである。

竹沢は、「よくろう学校の子は、ことばを知らないからわからない、といわれますが、私はそうは思わないのです」と言いきる。つまり「ことばを知らない」ことよりも、「ことばでわかっても、そのすそ野にある事実や実感が乏しいからわからない」のではないかという。これは障害児だけでなく健常児でも同じことである。文字で表わされたことでなく、人間や生活や労働などの事実を出会わせることである。そうすると生徒の既成の知識や実感と、事実との間に矛盾が生じ、それが考えることの端緒となるはずである。

受けとめてくれる社会――これからの仕事

余りにも内容が豊かですべてを紹介したいがそれも不可能である。竹沢の気持ちとは別に私の考えで内容の選択をさせてもらうほかはない。(紹介できない内容の価値からして、ぜひとも皆さんに本書を読んでほしいと切念する次第である)

竹沢さんの仕事は、障害児が豊かに発達できるような「社会変革」をすることだし、この子たちを「受けとめてくれる社会」をつくっていくことである。デンマーク、コペンハーゲンの駅では、ホームごとにエレベーターがついていて、障害者だけでなく大きな鞄を持つ旅行者、妊娠しておなかの大きな女性、車椅子のお年寄りなどハンディキャップのある人は誰でも使えるという。障害者に対してだけ自立を求めたのでなく、みんなで「受けとめられる社会」をつくることが障害者の自立をうながすことにつながる。

最近は、駅の雑踏などで車椅子の人や白い補杖の視覚障害者に対して、ごく自然に介助する若い人々を見かけるようになった。障害ということばの差別的読語感をさけて、「特別な教育ニーズを有する人」「バリハフリー」などのことばもきかれる。北欧には遠いが、障害者の立場から、社会生活全体を見直そうという運動がはじまったことは喜ぶべきことである。困難を抱えて生きる子どもたちと同時代を生きる大人として、自分の成長と社会の進歩とを重ね合わせながら生きたいものである。

紙巾が尽きてこれで終わることになる。そのほとんどにふれられなくて竹沢さんに申しわけない思いである。竹沢さんはまれにみる謙虚な教師である。自分の実践をきちんと受けとめ、自分の内面をくぐらせながら、次の実践をしていく。だから竹沢さんは、しなやかで、強靱で、笑顔をたやさず楽観的でいられるのだろう。

久しぶりに真に共感できる文章を読み、幸福な思いでいっぱいです。

（まるき　まさおみ　和光学園園長・日生連委員長）

たけざわ　きよし／1946年、石川県生まれ。名古屋大学経済学部卒業後、障害児教育をまったく知らずにろう学校へ。以来2007年春の定年退職まで、ろう学校に勤務。愛知県高等学校教職員組合障害児学校部、全日本教職員組合障害児教育部では役員を長年担う。現在、日本生活教育連盟会員、全障研愛知支部委員。
家族は、妻、長男、長女、次女の５人。
著書『人間をとりもどす教育』（民衆社）、『子どもの真実に出会うとき』『子どもが見えてくる実践の記録』（全障研出版部）
住所　〒492-8453　愛知県稲沢市今村町郷171-2
TEL/FAX　0587-36-3346

「クリスマス会で」

教育実践は子ども発見

2000年６月25日　初版第１刷発行　＊定価はカバーに表示してあります
2019年２月25日　　　第10刷発行

著　者　竹沢　清
発 行 所　全国障害者問題研究会出版部
〒169-0051 東京都新宿区西早稲田２-15-10
西早稲田関口ビル４Ｆ
Tel.03(5285)2601 Fax.03(5285)2603
http://www.nginet.or.jp/
印刷　マルコー企画印刷

ISBN978-4-88134-293-0 C3037